# 货币政策调整、企业金融化与实体投资研究

张金朵◎著

中国商务出版社

·北京·

图书在版编目（CIP）数据

货币政策调整、企业金融化与实体投资研究／张金
朵著. -- 北京：中国商务出版社，2024. 8. -- ISBN
978-7-5103-5316-1

Ⅰ. F279. 23

中国国家版本馆 CIP 数据核字第 2024HV9320 号

货币政策调整、企业金融化与实体投资研究

张金朵◎著

出版发行：中国商务出版社有限公司
地　　址：北京市东城区安定门外大街东后巷 28 号　邮　　编：100710
网　　址：http://www.cctpress.com
联系电话：010—64515150（发行部）　　010—64212247（总编室）
　　　　　010—64515164（事业部）　　010—64248236（印制部）
责任编辑：薛庆林
排　　版：北京天逸合文化有限公司
印　　刷：宝蕾元仁浩（天津）印刷有限公司
开　　本：710 毫米×1000 毫米　1/16
印　　张：13. 25　　　　　　　　　　　字　　数：210 千字
版　　次：2024 年 8 月第 1 版　　　　　　印　　次：2024 年 8 月第 1 次印刷
书　　号：ISBN 978-7-5103-5316-1
定　　价：79. 00 元

# 前　言

　　近年来中国实体投资率呈现持续性下滑态势，而宽松政策和刺激措施似乎都没有明显改善投资状况。当前，固定资产投资增速下滑和制造业增加值下降已经成为中国实体经济的典型特征。以全社会固定资产投资为例，2011年之前全社会固定资产投资增长率（增速）在20%以上，到2019年，投资增速仅为5.4%，2020年受新冠疫情影响，投资增速更是下滑至2.9%。这一下降幅度不可谓不大，值得警惕。作为高度依赖于物质资本积累的发展中国家，近年来中国试图通过调整宏观经济政策扭转实体投资的"颓废"态势，然而，随着经济政策的频繁调整，企业无法准确把握政府部门是否、何时以及如何改变现行政策，难以对宏观经济政策形成持续稳定的一致预期，经济政策不确定性由此形成。货币政策作为宏观调控体系中重要的经济手段，其多变的调整节奏、多种政策工具的使用以及多元政策目标的锚定等都存在着无法预测的成分，充斥着不确定性。多变的货币政策带来的不确定性影响会使企业未来面临的不确定性增加，不利于增强实体企业的投资信心。但随着经济金融化的深入，金融市场为实体企业提供了一种后备选择，即除了固定资产投资，企业还可以积累金融资产。那么固定资产投资、不确定性和投资选择的相互作用则成为需要探索的领域。金融资产具有流动性储藏工具和投资机会的双重属性，企业持有金融资产主要出于两个动机：一是实现风险规避和储备流动性的"预防性储蓄动机"；二是追求高额金融投资收益的投机性"逐利动机"。那么，货币政策调整影响是否抑制了实体投资？企业金融化是否能够缓解货币政策调整对实体投资的抑制效应，不同企业金融化动机是否存在异质性效应,且这种效应又是通过何种渠道发生的？这些重要的现实问题亟待解答。鉴于此,本书使用中国上市实体企业 2011—2020 年的经验证据,重点研究货币政策调整、企业金融化对中国实体投资率的影响及其传导机制,具有重要理论与现实意义。

第一,本书探讨了货币政策调整对企业实体投资的影响及影响机制。首先,分析了货币政策调整对实体投资的影响效应以及货币政策调整对不同经营业绩和规模、不同企业性质和行业实体投资影响效应的差异性。其次,从实物期权和融资约束渠道检验货币政策调整对实体投资的影响机制,并进一步分析了货币政策调整影响与企业实际经营风险水平的关系。总体来看,货币政策调整对企业实体投资表现出负面抑制效应,但这种效应的大小取决于企业经营业绩和规模以及企业性质和行业特征;机制分析表明,企业资产不可逆程度和融资约束程度越高,实体投资受货币政策调整的负面影响就越大;通过对比货币政策调整指数与企业承担的风险水平发现,货币政策调整指数的上升的确增加了企业经营风险,从而进一步抑制了实体投资。货币政策调整之所以对实体投资产生负面影响,主要是因为货币政策本身的易变性或者宏观经济形势的不确定性等导致货币政策取向或传导的不可预期性和有效性降低。由此可以判断,制约企业实体投资的因素并不是当前流动资金的短缺,而是不确定性,应进一步关注货币当局的行动所带来的政策不确定性对实体投资的影响,降低货币政策频繁调整产生的不确定性和波动性,提高其稳定性和连续性,以减轻对实体投资的影响。

第二,本书研究了企业金融化的动机及其与货币政策调整的关系。一是从金融投资与固定资产投资的回报率和风险差异两个维度来识别企业的金融化动机,从整体上分析了推动企业金融化的关键因素;考察了不同经营业绩和规模、不同企业性质和行业企业金融化动机的差异性;利用主成分分析迭代算法提取宏观因子,通过与货币政策调整的走势匹配来检验企业金融化对宏观货币政策调整因素的动态反应。二是根据企业金融化动机的实证结果,将样本企业划分为"预防性储蓄动机"和"逐利动机"两组子样本,考察货币政策调整指数上升时,不同动机金融化的变化趋势。总体来看,企业金融化主要是出于规避风险的预防性储蓄动机,但不同类型企业金融化动机表现出不同特征。对于业绩较差的企业，其金融化的关键驱动因素是风险规避，业绩一般的非制造企业则是逐利和避险的双重驱动结果；而经营业绩较好的企业主要受到宏观经济不确定性因素的影响。从规模来看，小型非国有和非制造业企业金融化的关键动机是风险规避，中等规模的非国有企业体现出逐利和避险的双重效应。通过模型所估算的宏观影响因子，其总体趋势与货币政策调整较为吻合。总的来说，宏观不确定性和企业固定资产投资风险的增加主导了企业金融化。此外，货币政策调整指数上升会推高企业"预防性储蓄动机"金融化，而会抑制"逐利动机"的金融化水平。究其原因，主要在于现阶段我国宏观经济环境充满不确定性、金融市场信贷资源配置扭曲导致微观企业个体金融化动机差异性，因此，进一步推进金融市场化改革，降低经济政策的不确定性，释放固定资产投资活力，更有助于企业实施长远实体投资战略，特别是在中国经济遭遇困境的重大变局下，引导金融与实体经济的良性互动和高效的资源匹配，对促进实体经济发展有重要意义。

第三，本书探讨了企业金融化在货币政策调整与实体投资关系中的调节效应。一是从整体上考察企业金融化的调节效应，且对"预防性储蓄动机"和"逐利动机"金融化调节效应的异质性进行检验，并从实物期权、外源融资与内源融资三个方面考察企业金融化发挥调节效应的渠道。二是通过对不同经营业绩、规模和不同企业性质、行业类型的企业分类考察企业金融化调节效应的异质性。从总体上看，企业金融化能够降低和弱化货币政策调整指数对实体投资的负面影响效应。具体来看，基于"预防性储蓄动机"的企业金融化能够缓解货币政策调整的影响效应，而基于"逐利动机"的企业金融化却加剧了货币政策调整对实体投资的影响效应。从企业分类结果来看，货币政策调整对实体投资的负面抑制效应依然稳健，说明货币政策调整指数越高，对企业实体投资影响越大。但企业金融化调节作用的大小和方向因企业经营业绩和规模、企业性质和行业的不同而有所差异。随着企业规模的扩大和经营业绩的改善，企业金融化的调节效应也逐渐变小，且金融化弱化影响的调节效应对于非国有企业和制造业更加显著，值得注意的是，在抑制实体投资的关系中，货币政策调整与企业金融化之间存在一定替代关系，但对于小型企业和制造业，企业金融化不仅能够弱化货币政策调整对实体投资的影响效应，且由于金融化对实体投资的积极作用，这种抑制效应会进一步减小。本书的结论与以往企业金融化的"破坏性"结论有所不同，企业金融渠道获利的增加一定程度上对于企业防范宏观经济波动和不确定性发挥了正面作用，特别是对制造业企业和中小民营企业的实体投资具有积极作用。由此可见，持续深入金融市场化改革，弱化信贷歧视引起的资本错配和失衡，有助于提升金融资源向实业资本积累的可达性和精准性，从而引导金融市场充分发挥服务实体经济的功能性调节效果。

总体而言，区别于现有文献将研究视角集中于货币政策水平的影响，以及基于全体上市公司混合数据的分析结果，本书从货币政策调整影响视角，考虑微观主体经营业绩和规模特征以及企业性质和行业特征，结合融资约束条件差异等进行企业分类，来探究实体投资率下滑问题，丰富并拓展了宏观政策与微观企业行为研究的视角，此外还进一步研究了企业金融化在货币政策调整影响实体投资中的调节作用，拓展了企业金融化经济效应的研究视角。从现实意义上讲，本书的研究对于完善宏观调控体系，提高货币政策调控效率，正确认识和辨析现阶段中国实体企业金融化行为，以及引导企业进行长远的实体投资规划和战略布局，从而稳定实体经济增长有重要启示意义。

作　者

2024.5

# 目　录

# 图目录

# 表目录

# 导　论

## 一、研究背景与意义

### （一）研究背景

当前，我国经济面临"需求收缩、供给影响和预期转弱"的三重压力，实体经济被放在更加突出和重要的位置，大力发展实体经济，克服各种不稳定不确定性因素的影响，成为保持经济平稳运行的重要条件。党的十八大以来，以习近平同志为核心的党中央高度重视发展壮大实体经济，作出了振兴实体经济的一系列重大决策部署。从党的十九届五中全会明确提出"坚持把发展经济着力点放在实体经济上"，到部署"供给侧结构性改革要向振兴实体经济发力、聚力"[①]，再到要求"金融要把为实体经济服务作为出发点和落脚点"[②]，都是为了"把我国制造业和实体经济搞上去"[③]，同时也彰显了发展和提升实体经济的信心、决心。制造业作为实体经济的根基，更是经济发展的重中之重，《中华人民共和国国民经济和社会发展第十四个五年规划和 2035 年

---

[①]　2016 年 12 月 14 日，习近平主席在中央经济工作会议中指出"振兴实体经济是供给侧结构性改革的主要任务，供给侧结构性改革要向振兴实体经济发力、聚力"。

[②]　2017 年 7 月 14 日，习近平主席在全国金融工作会议中指出"金融要把为实体经济服务作为出发点和落脚点，全面提升服务效率和水平，把更多金融资源配置到经济社会发展的重点领域和薄弱环节，更好满足人民群众和实体经济多样化的金融需求"。

[③]　2019 年 9 月 17 日，习近平主席在河南考察时强调"把我国制造业和实体经济搞上去，推动我国经济由量大转向质强"。

远景目标纲要》强调"保持制造业比重基本稳定",制造业稳,实体经济才能稳。保持制造业比重稳定,巩固发展和壮大实体经济,已成为当前重要的研究课题。

近年来,固定资产投资率和制造业增加值下降已经成为中国实体经济的典型特征。根据国家统计局数据,2011年全社会固定资产投资增速为23.8%,但此后呈现出下滑趋势,特别是2014年到2016年,全社会固定资产投资增长率从15.7%大幅下降到8.1%。此后,投资动能仍然偏弱,2019年,投资增速仅为5.4%,2020年受新冠疫情影响,投资增速更是下滑至2.9%[①]。制造业投资是固定资产投资的重要组成部分,其增速的下滑态势与总固定资产投资基本一致。2011年之前制造业固定资产投资增速维持在较高的水平;2012年后,制造业固定资产投资增速迅速下滑至2019年的3.1%;2020年受新冠疫情影响,更加速了我国制造业投资的下滑(见图0-1)。

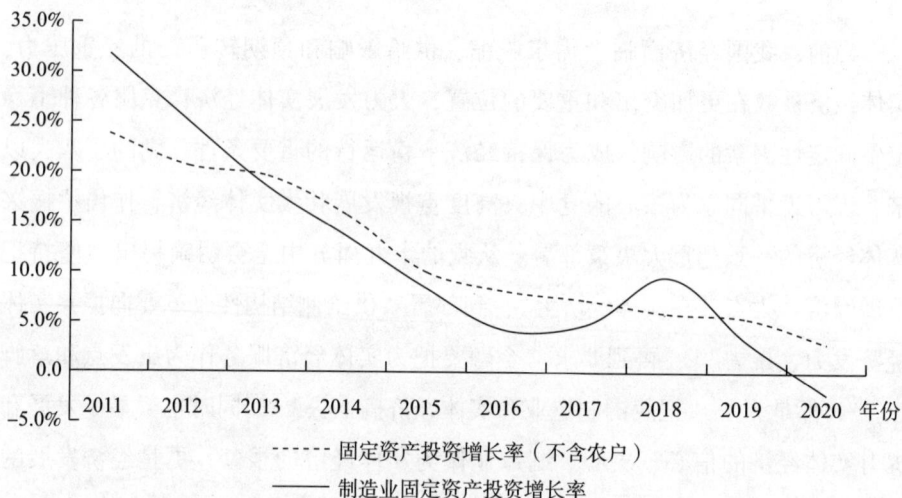

**图 0-1  固定资产投资增长率**

数据来源:国家统计局。

受投资不振的影响,我国制造业增加值占国内生产总值(GDP)比重也

---

① 数据来源于国家统计局发布的《中华人民共和国2020年国民经济和社会发展统计公报》。

呈现逐年下降趋势。特别是 2008 年金融危机后，制造业增加值占比快速下降①。根据国家统计局发布的 GDP 数据，仅 2018 年到 2020 年，这一数据就由 29.41% 下降为 26.18%，三年中下降超过了 3 个百分点。这一下降幅度不可谓不大，值得警惕。实体经济是国民经济的根基，是经济高质量发展的重要引擎，在经济结构转型过程中，实体投资率下降过早、过快，不仅会拖累当期经济增长，影响就业，还将削弱我国经济抗风险能力和国际竞争力。因此，这些问题需引起高度重视，保持制造业比重基本稳定和实体经济稳步发展的工作任务较为迫切。

作为高度依赖物质资本积累的发展中国家，近年来中国试图通过调整宏观经济政策扭转实体投资率的"颓废"态势。在稳增长的背景下，作为影响企业投资的众多经济政策中的一环，如何运用货币政策更有效地支持实体经济至关重要，且货币政策在工具总量和结构双重功能上，对于稳定宏观经济基本盘，提高对微观实体企业支持的精准导向和直达性都有独特优势，可以说，作为宏观调控和加大金融支持实体经济的重要手段和措施，货币政策发挥着核心作用。但当前我国经济环境复杂，为缓解宏观经济下行压力，货币政策调控面临较大挑战，传统的货币政策调控难以有效应对经济转型和解决信贷结构不合理等问题，对此，央行采取了诸如定向降准、再贷款、补充抵押贷款等新型货币政策，但在提高货币政策操作灵活性的同时也加剧了货币政策调整不确定性。有学者指出，近年来全球经济复苏疲弱乏力，各国政府主要依靠加码货币政策来抵御经济下行压力和刺激经济增长（Mumtaz 和 Theodoridis，2020）。然而货币政策实施路径依赖于经济形势发展变化和经济的周期性波动，因此，市场可能受到政策不确定性和金融市场动荡影响而限制经济增长预期，从而使货币政策传导的有效性降低。正是由于货币政策的易变性，企业无法对政策取向形成一致的预期，从而不利于企业制定长远的投资规划。

---

① 2021 年 9 月 23 日第四届中国企业论坛上，中国社科院经济研究所所长黄群慧发布了《国有企业在构建新发展格局中的作用研究报告》并表示："中国制造业增加值占 GDP 比重从 2008 年的 32.1% 下降到 2020 年的 26.2%，这一数据的下降速度非常快。"

　　货币政策调整会对宏观经济活动和微观主体行为产生负面影响（Boug 和 Fagereng，2010），货币当局经常调整政策，这些调整会影响企业的经营环境，最终反映在企业的投资决策中（龚光明等，2012）。由于企业在政策决策时机、内容和潜在影响方面面临很大不确定性，货币政策调整不确定性的提高，也使金融机构和市场主体难以合理预期货币政策未来走向，研究货币政策本身的不确定性会产生怎样的经济后果非常重要，这一话题已受到政策制定者和学术界的密切关注。针对商界人士的一项调查表明，税收和货币政策方面的不确定性会降低企业资本支出意愿，从而抑制企业的投资行为（IMF，2012)[①]。而在中欧国际商学院对 1214 家中外企业的问卷调查中，大约有 46% 的本土企业认为"宏观经济政策调整"是其主要顾虑[②]。2010 年，美联储前副主席费舍尔（Stanley Fischer）表示，制约经济增长的因素并不是流动资金的短缺，而是不确定性，只要不确定性仍在阻碍经济增长，美联储便不应继续以创造更多货币来刺激经济[③]。如 Bloom（2017）所说，企业的投资规划通常具有前瞻性、谨慎性和历史数据驱动性，相较于其他市场主体，企业对货币政策调整的反应也更加强烈和灵敏，特别是融资约束问题会放大不确定性对企业实体投资的影响，因此，不确定性问题不仅会损害货币政策有效性，还会增加企业面临的不确定性，从而限制企业的投资。在当前宏观经济形势复杂严峻，实体投资者预期悲观、信心不足的情况下，支持和稳定实体经济基本盘被放在更加突出位置，因此保持稳定合理的货币政策环境，提高政策调控有效性，对于稳定实体投资率，巩固壮大实体经济有重要意义。

　　货币政策会通过信贷渠道和货币渠道影响微观企业投融资活动。当企业所处的宏观投资环境发生改变时，特别是受到特殊风险和宏观层面不确定影响时，企业的投资行为也会发生改变。而随着经济金融化的深入，金融向实

---

① IMF（2012），World Economic Outlook：Coping with High Debt and Sluggish Growth，IMF Press.

② "2013 年中欧国际工商学院中国商务调查"对 1214 位中外企业高管的问卷调查，其中 768 位来自本土企业，446 位来自在华外企，调查结果显示：46%的本土企业最大的顾虑是"宏观经济调整"，外企中的这个比例为 37%。

③ 2010 年美联储副主席费舍尔在一次演讲中表示，即便美联储保持在近乎零利率水平，企业面临的金融、税收以及监管法规等不确定性仍使企业无法实施长期的投资计划，进一步宽松的货币政策无法抵消不确定性带来的影响。

体领域不断渗透，金融市场为实体企业提供了另外的投资机会，即企业既可以投资于不可逆的长期固定资产，也可投资于可逆的短期金融资产。金融资产具有逐利和避险的双重属性，与固定资产投资相比，金融资产具有较高的变现能力和较低的调整成本①，如果企业储备了一定的金融资产，当企业在货币政策调整影响下面临信贷收紧或财务困境时，可通过出售金融资产获得流动性，进而缓解企业融资约束压力和降低企业资金链断裂风险，即企业出于"预防性储蓄"动机持有金融资产，不仅有利于企业规避宏观不确定性影响和流动性风险，也有利于平滑企业财务状况，增进企业实体投资。但根据资本逐利规律，在宏观不确定性和风险增加情况下，金融资产回报率的上升会驱使企业将有限的可支配资金段向金融资产（Demir，2009a），从而在一定程度上"挤出"固定资产投资。可见，企业出于"利润追逐"动机持有金融资产，不利于长期固定资本的形成。

当前，我国的金融市场发展不够完善，银行信贷仍是实体企业最主要的外部融资渠道（饶品贵和姜国华，2013），而正规金融机构存在严重的信贷配给行为（Allen 等，2005），导致不同类型企业出现了不同的融资约束问题，特别是中小民营企业因自身经营弱质性所导致的融资难、融资贵②，以及歧视性的融资约束问题等。当货币政策调整上升时，银行对外来的流动性需求难以形成稳定性预期，银行往往更倾向于推迟放贷或收紧贷款规模以及提高贷款利率（Alessandri 和 Bottero，2017；何德旭等，2020），使企业面临的外部融资影响和压力加大。一方面，金融市场为企业提供了可能超过长期固定投资项目的回报率，且金融投资机会也成为实体企业对宏观不确定性和风险做出的反应（Demir，2009a），企业通过持有金融资产拓宽内部融资渠道和改善企业财务状况，从而缓解外部不确定性导致的融资约束压力。因此，企业金融化不仅有利于企业资源在空间上进行配置（Theurillat 等，2010），且融资能力的增强也为企业未来投资规划储备了更多资源。可见，充沛的内生性现金

---

① 此处的金融资产调整成本主要指得是金融资产在二级市场的交易成本。

② 2021 年中国人民银行研究局课题组发布的关于"中小微企业融资难是世界性难题，我国存在五大困境"的报告指出，中小微企业的弱质性主要表现为发展不确定、信息不对称和规模不经济。

流可以有效降低外部融资约束（Duchin，2010），缓解不确定性对企业实体投资的负面影响。另一方面，逐利理论指出，企业金融化的目的是追求利润最大化，无论是股东价值主导还是企业管理者"投资短视"都导致企业越来越重视资本收益，从而忽视公司长期业绩增长和长远发展的实体投资。可见，企业金融化会影响货币政策调整对实体投资的影响效应，但不同观点下金融化影响的大小和方向也会有显著差异，即"逐利"动机的金融化是否会加剧货币政策调整对实体投资的影响，而"预防性储蓄"动机的金融化又是否能缓解或者降低货币政策调整的负面效应。

在百年未有之大变局和世纪疫情的相互交织下，我国经济形势更为严峻和复杂，经济企稳仍困难重重，工业生产和投资增长乏力仍是经济增长放缓的重要原因。此外，尽管新冠疫情下全球的货币政策刺激计划改善了流动性，但货币政策传导机制不健全以及流动性泛滥导致的金融市场表面繁荣，特别是民营中小企业融资难、融资贵的问题仍未得到有效解决。伴随着金融化向微观经济实体企业的融合与渗透，弄清货币政策调整对企业实体投资的影响以及金融化在企业应对不确定性影响中发挥的作用，为提高货币政策稳定性和有效性以及稳定与巩固实体经济发展提供了一定的理论依据和实证支持，同时为减弱经济政策不确定性影响和寻找金融支持实体经济发展的平衡路径提供了新的经验证据。

## （二）研究问题

本书试图从三个方面研究货币政策调整、企业金融化与实体投资的关系：首先，研究货币政策调整对实体投资的影响以及实物期权和融资约束渠道的影响机制，其次，从固定资产和金融资产的风险收益特征出发，识别企业金融化的"预防性储蓄"和"逐利"动机。最后，研究企业金融化在货币政策调整和实体投资关系中的调节效应，以及基于不同动机金融化调节效应的异质性，并分析了企业金融化是否通过实物期权和融资约束渠道发挥的调节作用。具体而言，主要解决了以下问题。

（1）货币政策调整对实体投资的影响及影响机制问题。从宏观层面来看，作为客观存在的外部经济政策或环境对企业实体投资行为产生的影响可能更为突出，因为企业对此可能处于"无可奈何"而被动接受的窘境。就目前相关研究来看，货币政策对微观企业的影响主要集中于水平视角，即货币供给量角度，但忽略了货币政策频繁波动对企业实体投资带来的影响。为进一步拓展研究视角，本书从货币政策调整来探讨其对实体投资的影响。具体为：①货币政策调整对企业实体投资产生什么样的影响？②货币政策调整通过何种机制影响企业实体投资？货币政策调整对实体投资的影响在不同类型的企业中是否存在异质性？③货币政策调整和企业经营风险有何关系？

（2）货币政策调整与企业金融化动机识别问题。一般来讲，不同类型企业金融化的动机不同，所导致的调节效应也有所差异。出于"预防性储蓄"动机的金融化对于弱化和缓解不确定性风险，推动实体投资有积极作用，而出于"逐利"动机的金融化在外部经济不确定性增加的情况下，可能加剧货币政策调整的影响效应，进一步抑制企业实体投资。因此，探索企业金融化在货币政策调整影响实体投资中的调节作用，特别是明晰不同类型企业金融化本质动机下发挥的调节作用，对于防范和化解宏观经济风险对实体投资的影响，以及制定差异化政策，稳定实体经济发展有重要意义。那么：①在中国经济发展进程中，企业金融化的驱动动机究竟是出于避险的"预防性储蓄动机"还是"逐利动机"？②不同类型企业的金融化动机是否存在显著异质性？③宏观经济政策不确定性是否推动了企业金融化行为，企业金融化对宏观不确定性的反应如何？这些问题为研究企业金融化在货币政策调整对实体投资影响中的调节作用提供了基础。

（3）企业金融化在货币政策调整与实体投资关系中的调节效应及调节效应发挥作用的渠道问题。货币政策作为宏观调控的重要工具之一，是企业在进行投融资决策时不得不考虑的重要因素。货币政策调整会通过实物期权和融资约束渠道对实体投资产生影响，此外，还应考虑企业金融化的不同动机，即通过配置流动性高、变现能力强的金融资产来缓解融资约束不足，防范流动性风险的"预防性储蓄动机"和通过资本套利追求高额回报的"逐利动机"。因此，需要弄清楚的问题是：①整体上企业金融化在货币政策调整和实体投资的关系中会发挥何种作用？②基于"预防性储蓄动机"的金融化会削弱或降低货币政策调整对实体投资的负面影响效应吗？同样，基于"逐利动机"的企业金融化会进一步加剧货币政策调整对实体投资抑制效应吗？③企业金融化是否通过实物期权、外部融资以及内部融资三种渠道影响货币政策调整的影响效应呢？④企业金融化的调节效应对不同类型的企业是否存在差异性特征呢？

## （三）研究意义

### 1. 理论意义

相对于影响实体投资的内部因素，外部环境会使企业更加被动和"束手无策"，因此宏观经济因素对企业实体投资行为的影响可能更为突出。关于宏观经济不确定性对企业实体投资的影响：一方面，多数文献集中在研究经济政策不确定性，而货币政策作为宏观调控和金融支持实体经济的重要手段与措施，已成为经济政策的核心内容。货币政策的频繁调整所导致的预期紊乱和信贷资源错配问题等会对企业实体投资产生直接影响。因此从货币政策调整出发开展研究不仅更具有针对性，也能够为货币政策有效扶持实体经济提供证据支撑。另一方面，关于货币政策调整的经济效应，现有文献多侧重于货币政策调整的宏观经济结果，而较少关注不确定性对微观企业主体的影响。如部分学者结合经济结构和制度背景等，研究了货币政策调整对失业、通货膨胀和产出的影响。尽管也有部分学者从微观视角研究了货币政策调整对家庭储蓄和企业投资决策的影响，但少有人从企业金融化视角出发，研究企业金融化在货币政策调整和实体投资关系中的调节效应。货币政策在支持实体经济发展过程中，企业金融化可谓是两者关系中重要的一环。所以，研究货币政策调整、企业金融化和实体投资三者关系，对于提高政策的前瞻性和稳定性，完善货币政策与实体企业的金融对接和沟通渠道，推动实体经济与金融市场的良性互动，促进实体经济稳定发展有重要意义。

### 2. 现实意义

金融化是一个持续且广泛而影响深远的结构变化过程，其对微观投资主体和宏观经济环境具有至关重要的影响。当风险和外部环境的不确定性增加，而金融资产的投资收益较高时，实体企业可能倾向于调整金融资产持有比例，以缓解和防范宏观不确定性影响，做出有利于企业发展的投资决策。因此，研究货币政策调整对实体投资的影响，探索企业金融化在两者关系中的调节效应，以及厘清企业金融化的调节效应在不同企业规模、不同经营业绩和不同企业性质和不同行业情况下的异质性等问题，对于了解中国货币政策调整的经济后果，正确认识企业金融化在降低系统性风险影响方面发挥的积极作用，以及推进货币政策更加完善和更好落实，防范和化解金融风险有重要意义，同时对货币政策支持实体企业"分类施策，对症下药"也具有一定的指导意义，只有做好这些基础性工作，才能真正实现"好的金融"服务于国计民生的目标。

## 二、研究思路、研究内容和研究方法

### （一）研究思路

本书主要沿着"提出问题—分析问题—解决问题"的思路，对货币政策调整、企业金融化和实体投资三者之间的关系展开研究。首先，基于中国现实经济特征和政策背景提出主要问题。其次，总结和提炼现有文献和研究取得的成果与不足，搭建本研究的基本理论分析框架，即货币政策调整影响是否会抑制企业实体投资、企业金融化的主要动机，以及企业金融化水平的提高是否会弱化货币政策调整的影响效应，并分析了"预防性储蓄动机"和"逐利动机"的金融化调节效应是否存在异质性。再次，在理论分析基础上设立实证模型进行回归分析，并对实证结果进行必要的分析和解释。最后，总结全书研究结果，提出相应的研究启示和政策建议。

### （二）研究内容

导论：立足于当前实体投资率下滑与企业金融化并行的典型经济特征，提出货币政策调整和企业金融化对实体投资的影响问题，并厘清了研究思路和研究内容以及研究可能的创新之处。

第一章：对相关重点文献进行回顾和梳理。首先，对货币政策调整的经济效应、影响机制和应对货币政策调整的宏观调控效应等方面的研究进行了梳理；其次，对有关企业金融化动机、企业金融投资方式及金融化的投资效应等的文献进行整理；最后，对影响企业实体投资的微观影响因素和宏观影响因素两个方面的研究进行了梳理，并给予相应的文献评述。

第二章：在理论指导之下，借鉴已有研究，搭建理论分析框架。首先，对货币政策调整、企业金融化以及实体投资概念进行界定。其次，对所研究的问题进行分析和思考。最后，在理论分析基础之上搭建货币政策调整、企业金融化和实体投资关系的研究框架。

第三章：运用实证方法分析货币政策调整对企业实体投资的总体效应、货币政策调整对不同类型企业影响效应的异质性，以及货币政策调整通过实物期权和融资约束渠道影响企业实体投资的作用机制。此外，考察了货币政策调整对不同类型企业经营风险水平的影响，有助于进一步了解货币政策调整对企业实体投资的影响。

第四章：为进一步弄清楚企业金融化在货币政策调整与实体投资关系中的调节效应，本章基于固定资产投资与金融投资的风险收益特征，通过构建动态交互效应面板模型来识别企业金融化的内在动机，即企业金融化是出于"预防性储蓄动机"还是"逐利动机"，并对微观企业按照经营业绩和规模、企业性质和行业等进行分类，考察了不同类型企业金融化动机差异性，此外，进一步研究了企业金融化对货币政策调整做出的动态反应，以及不同金融化动机下，货币政策调整对企业金融化趋势的影响。

第五章：首先，在前两章基础上，结合企业金融化的不同动机，检验金融化是加剧还是弱化了货币政策调整对实体投资的负面影响效应，并研究了企业出于"预防性储蓄动机"和"逐利动机"金融化调节效应的异质性。其次，从实物期权、外部融资和内部融资三个渠道进一步验证企业金融化在货币政策调整对实体投资的负面抑制关系中发挥的调节作用，最后，对不同规模和业绩、不同企业性质和行业进行了异质性分析。

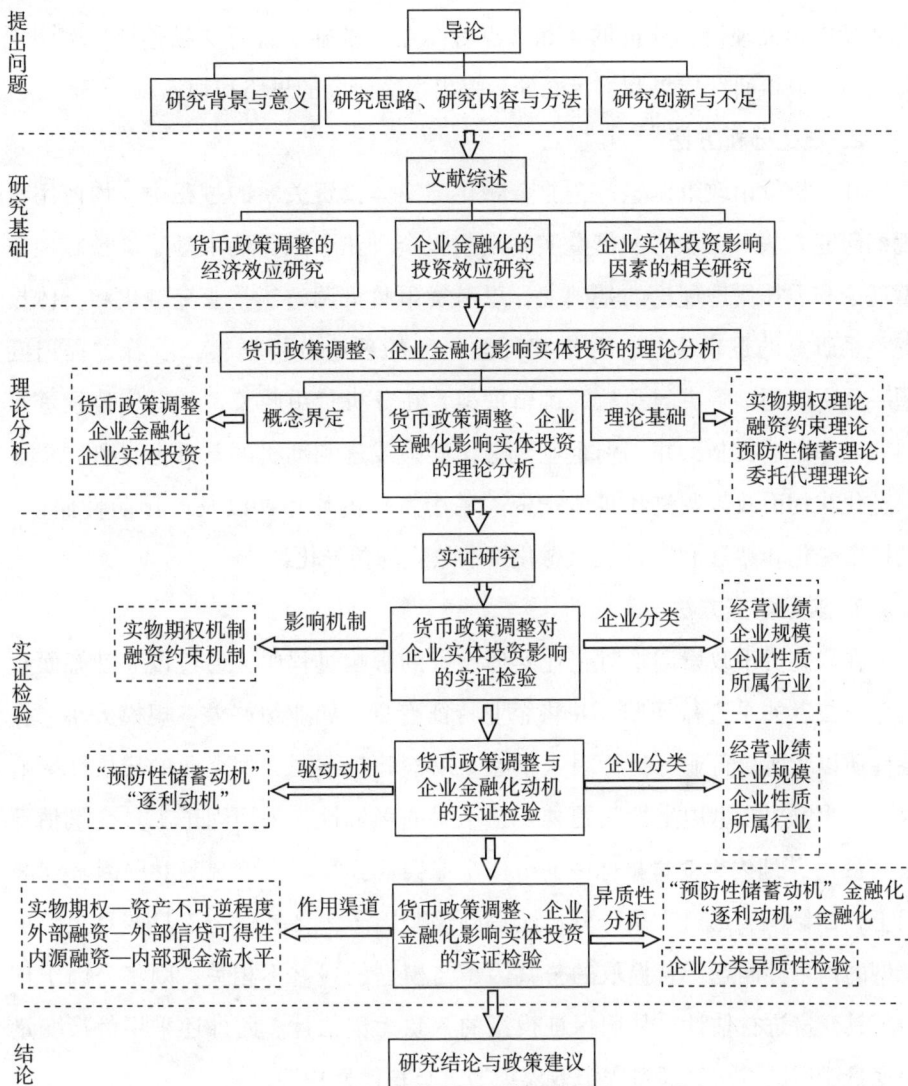

图 0-2　流程技术图

第六章：结论与政策建议。总结研究结论，并提出研究启示和政策建议。

## （三）研究方法

为保证研究的顺利进行，主要采用以下研究方法。

### 1. 文献研究方法

根据研究需要，对相关文献资料进行了细致而全面的梳理和整合，总结了文献中相关理论、分析框架和观点等。在此基础上进行文献述评，阐明现有文献已取得研究成果和不足之处，提出本文研究的思路和切入点。

### 2. 规范分析方法

在分析货币政策调整、企业金融化与实体投资关系的过程中，均使用了规范研究方法。在参考和借鉴实物期权投资理论、融资约束理论、预防性储蓄理论和委托代理理论的基础上，思考货币政策调整、企业金融化和实体投资关系研究的逻辑主线，并搭建问题研究的理论分析框架，沿着"提出问题—分析问题—解决问题"的逻辑框架，在分析货币政策调整对实体投资影响效应和影响机制，并识别企业金融化避险或逐利动机的基础上，研究企业金融化在货币政策调整和实体投资关系中发挥的作用，以及"预防性储蓄"动机金融化和"逐利"动机金融化调节效应的差异化特征。

### 3. 实证研究方法

在研究货币政策调整对企业实体投资的影响过程中，通过设立动态面板模型对二者关系进行回归，并将企业特征变量，如业绩好差、规模大小、企业性质以及所属行业等指标引入模型，以检验对不同类型企业的异质性影响效应。为解决模型内生性问题和实证结果的稳健性，采用因子工具变量估计法（FIV），即内生变量指标中的个体企业会受到某种不可观测共同因素（公因子）的影响，通过主成分分析法得到该公因子，将其作为工具变量来解决模型的内生性问题，若提取的公共因子与模型的残差不相关，则将公因子作为工具变量进行估计，从而保证模型的一致无偏估计。此外还采用替换变量和变量滞后的方法，通过固定效应模型进行稳健性检验。

在识别企业金融化动机的过程中，通过设立交互效应动态面板模型，从固定资产投资和金融投资的风险收益对比识别金融化的"预防性储蓄动机"和"逐利动机"，并将企业微观特征变量纳入模型进行了异质性分析。同样采用因子工具变量法（FIV）解决内生性问题。此外，货币政策调整作为外部风险影响，为进一步了解企业金融化对外部不确定性影响的动态反应程度，使用交互效应面板模型捕捉宏观经济影响因素，并将其与货币政策调整进行匹配，然后使用 FIV 估计量，运用迭代主成分分析（IPCA）方法对模型进行估计。

在研究企业金融化在货币政策调整与实体投资关系中的调节作用的过程中，建立交互项模型进行考察。并在企业金融化动机识别的实证结果基础上，对企业进行"预防性储蓄动机"和"逐利动机"分组，通过差异性分析，检验不同动机金融化的调节效应。对于企业金融化调节效应的作用渠道，采用带调节效应的中介模型进行检验。不同类型企业的差异性检验和替换变量、变量滞后的稳健性检验则使用固定效应模型。

## 三、研究创新与不足

### （一）创新之处

#### 1. 研究视域和研究内容方面的创新

（1）研究视域的扩展和深化。搭建了货币政策调整、企业金融化与实体投资三者关系的理论分析框架，拓展了宏观经济政策影响微观市场主体投资决策的相关研究：①现有文献大多孤立地研究货币政策对企业实体投资支出的影响，或是研究企业金融化与实体投资水平之间的关系，而鲜有文献将三者放入同一框架进行分析。②在企业金融化和实体投资下滑并行的经济背景下对货币政策调整进行探讨，为货币政策调整影响实体投资问题提供了微观层面的新视角和经验证据。③从企业金融化动机出发进一步明晰了"预防性储蓄"动机和"逐利"动机金融化在货币政策调整影响实体投资中的调节作用，为引导企业合理配置金融资产，深入理解稳健货币政策的实施以及解决实体投资率下滑问题提供了思路。

（2）研究内容更为全面和细致。现有研究对货币政策调整影响实体投资的作用方向基本一致，但其研究多基于全体上市公司，而在对不同类型企业的作用层面仍有探讨空间。本书从整体上探讨了三者关系，并将企业细致分层：①进一步厘清货币政策不确定对不同规模和经营业绩、不同企业性质和行业企业实体投资影响效应的大小，并探讨了货币政策调整对不同类型企业经营风险水平的影响，丰富了货币政策调整与企业投资行为的研究内容。②厘清了不同类型企业金融化动机的差异性以及企业金融化对宏观不确定性因素的反映敏感度，为研究货币政策调整和企业金融化对实体投资的影响奠定了微观基础。③从企业金融化的动机出发，进一步研究了"预防性储蓄动机"和"逐利动机"金融化在货币政策调整影响实体投资中的调节作用的异质性，对于理解金融与实体经济的关系，以及对不同类型企业制定差异化政策，提升金融服务实体的能力有重要意义。

**2. 研究方法方面的创新**

（1）将传统面板模型修正为动态面板模型：①引入企业规模大小、经营业绩好差以及企业性质和行业特征来反映货币政策调整对不同类型企业的投资效应差异和不同类型企业的金融化动机。②在分析货币政策调整的投资效应和企业金融化动机部分，对于核心变量均引入了当期和滞后一期的累计效应，既考察了滞后效应，也能够避免时间上的错位和长短期效应不一致的问题。③在分析货币政策调整和企业金融化动机部分，将模型扩展为交互效应动态面板模型，从微宏观两个维度全面而细致地考察企业金融化的动机。

（2）在模型稳健性检验和解决内生性问题上，除使用替换变量和滞后变量等常用方法外，还使用因子工具变量法（FIV）进行估计，相对于微观模型的弱工具变量和 GMM 使用高维工具变量所导致的偏误增大和非一致问题，因子工具变量估计方法在解决模型的内生性问题上更为合理和有效。

**（二）不足之处**

（1）关于货币政策调整的影响研究，本书考察货币政策调整的微观投资效应时，范围仅局限于国内经济条件。在全球经济一体化背景下，国际货币政策调整会通过大规模的贸易和资本流动等产生溢出效应，特别是在经历了新冠疫情初期激进宽松的货币政策"救市"之后①，主要发达经济体中央银行相继调整货币政策，使全球从"货币宽松潮"向"货币紧缩潮"加速转

---

① 《2020 年第一季度中国货币政策执行报告》提及应关注新冠疫情影响下全球经济存在的以下潜在影响："主要经济体高度宽松的非常规货币政策和财政政策的效果和溢出效应。"

变，大大增加了金融市场波动性①。有学者指出，发达国家特别是美联储的货币政策调整会对新兴市场国家的经济产生影响，包括出口、引进外资以及新兴经济体的企业可能也将需要承担更高的借贷成本。因此，扩大货币政策调整的研究范围，考虑货币政策调整的跨国溢出效应，探究其对国内微观经济主体产生的经济影响，也将是本书未来需要研究和解决的问题。

（2）目前研究对于企业金融化的概念、度量方法及其经济效应没有达成标准和共识，因此，企业金融化自身的"度"和金融化与产业融合的"度"以及适度水平的探索等问题仍存在争议、不足和探索的空间，本书从企业金融化逐利和避险属性判断其动机，并分析其在货币政策调整对实体投资影响中的调节作用，同样缺乏对于企业金融化"度"的识别，同时也缺乏对实体企业产融结合的"度"的把握，因此，有待在金融资本与产业资本的融合基础和关联深度上进一步寻找依据，这也是本书写作的缺憾和未来进一步研究的方向。

---

① 2022 年 5 月 8 日，大众日报 5 版（时事）《环球论坛》专栏文章《多国调整量化宽松货币政策或影响世界经济》："一段时间以来，主要发达经济体中央银行相继调整新冠肺炎疫情期间采取的量化宽松货币政策，使全球从'货币宽松潮'向'货币紧缩潮'加速转变，这可能会加大其他经济体的增长不确定性和金融市场波动性，对新兴市场和发展中经济体尤其如此"。

# 第一章　文献综述

## 第一节　货币政策调整的经济效应研究

货币政策作为宏观调控的主要手段之一，在宏观治理体系当中发挥着举足轻重的作用[①]。货币政策的调控导向和调控的经济后果一直是学术界、政策制定者和媒体关注的焦点。2008 年金融危机爆发后，全球经济大幅下跌，长期处于中低速增长状态。当前，发达经济体处于调整期，新兴经济体面临增长放缓的挑战，特别是新冠疫情初期，为应对疫情影响，主要经济体的央行纷纷加码财政政策和货币政策以刺激经济，频繁出台和调整的货币政策充斥着不确定性，因此，如何看待不确定性可能导致的经济后果和妥善应对不确定性影响，成为理论界和实务界讨论的重点。本节从货币政策调整的经济效应、传导机制及政策调控效应三个方面回顾以往文献。

### 一、货币政策调整的经济效应

2008 年国际金融危机后，货币政策调整的经济效应，成为货币当局和很多经济学者的重点关注对象。总结相关文献发现，尽管大部分的研究多集中

---

① 《中华人民共和国国民经济和社会发展第十四个五年规划和 2035 年远景目标纲要》提出，健全以国家发展规划为战略导向，以财政政策和货币政策为主要手段，就业、产业、投资、消费、环保、区域等政策紧密配合，目标优化、分工合理、高效协同的宏观经济治理体系。

于货币政策调整对经济活动产生了消极影响，但这一观点并未得到广泛认同。以下针对货币政策调整经济效应的不同观点展开阐述。

## （一）负面影响

从宏观层面来看。有学者认为，货币政策的相机抉择性和经济形势的难以预测性，决定了货币政策调整影响成为宏观经济不稳定的重要来源（Bianchi 和 Melosi，2017），且该波动源可能通过金融渠道叠加市场预期传递风险，对经济增长产生更大影响（Born 和 Pfeifer，2014），政策不确定性正不断驱动着全球经济周期性波动（Baker 等，2016）。Herro、Murray（2011）将货币政策调整纳入带有 ARCH 影响的 VAR 模型来研究货币政策调整对通货膨胀、产出增长、失业以及这些变量波动性的影响。结果发现，货币政策的不确定性越高，产出增长和失业率的波动越大（Creal 和 Wu，2017）。同样，Balcilar 等（2017）的研究也认为货币政策调整同时抑制通货膨胀和产出并会降低利率，而且，货币政策的不确定性一旦与宏观经济的不确定性脱离，往往会造成严重的、持续性不利后果，特别是在疲软的经济环境中。尽管，Fasolo（2019）也认为货币政策波动性增加会带来更大的不确定性而导致产出下降，但不同的是，他认为货币政策调整影响会导致通货膨胀的小幅上升。我国学者对货币政策调整的看法也与之相似。Li 等（2020）在使用贝叶斯 MCMC 估计程序测度中国货币政策调整基础上，认为不确定性会通过信用风险和降低产出来抑制经济增长，此外，货币政策调整也会显著提高产出波动率和价格波动率（许志伟和王文甫，2019）。王博等（2019）将货币政策调整和风险影响纳入 DSGE 模型，分析了货币政策调整通过加剧违约风险和减少产出对实体经济产生消极影响。丁剑平和刘璐（2020）则认为货币政策调整会通过加剧市场预期分歧而抑制产出。傅步奔（2020）从产出、消费、投资以及物价水平四个方面同样证实了货币政策调整的负面效应，他认为不确定性上升，会带来这四个经济变量的下降，其中投资最为敏感，下降幅度最大。

从微观层面来看，货币政策调整同样也会对市场主体带来负面影响，但相关文献较少。Bloom（2017）指出，多变的货币政策会加剧不确定性，企业因固定资产投资风险上升和实物期权等待价值增加而无法实施长期的投资计划，从而推迟或放弃当期投资。不仅如此，Anand、Tulin（2014）发现政策不确定性加剧和企业投资信心的降低在投资的放缓中发挥了关键作用。Doshi等（2018）的研究表明，不确定性对企业实物资本支出、风险管理和债务发行的影响效应会随着企业规模、经济形势、金融摩擦程度的变化而呈现差异性。柳明花（2020）则从企业财务决策视角出发，认为货币政策调整不仅会对企业投资产生抑制作用，还会降低企业债务融资和企业资本结构的调整速度，以及增加企业的现金持有水平（钟凯等，2016，2017）。此外，货币政策调整上升还会通过金融摩擦放大效应抑制企业实体投资（徐亚平和汪虹，2020），并通过降低企业风险承担水平抑制企业的创新支出（任曙明等，2021）。

## （二）正面效应

有研究表明，货币政策调整对经济活动也会产生一定的积极影响。如Kraft 等（2013）认为，从增长期权的角度，对于发展密集型企业（如石油企业），较高的不确定性可以提高他们的期权价值，进而提高他们的股票价值。同样，Bloom（2014）指出，尽管大部分企业在面临高度的不确定性时会更加谨慎，但一些企业善于发掘政策波动中蕴含的潜在回报，为寻求占领未来市场而愿意进行创新投资活动。Born、Pfeifer（2014）的研究结果说明，货币当局非常规的货币政策可能会放大政策不确定性影响，但央行对更高的未来通胀做出可信承诺的"前瞻性指导"可能会刺激产出增加，而在价格黏性制度下，家庭愿意通过储蓄和增加工作来防范这种下行风险，从而降低通货膨胀。此外，Kaminska、Roberts-Sklar（2018）认为货币政策调整对股票收益方差具有显著的正向预测能力，而 Mueller 等（2017）将做空策略在联邦公开市场委员会（FOMC）预定公告日子里表现出的超额收益解释为对货币政策调整的补偿。也有学者认为，不同的政策工具在特定条件下会发挥正面影响。邓创和曹子雯（2020）研究认为，在预期理论下，不确定的货币政策具有更高的经济调控效力，因此，短期内价格型货币政策调整可在短期有效刺激经济增长和通货膨胀。而赵珂（2022）认为，中国货币政策调整对投资的影响动态并未表现出逆周期特性，囿于中国国有企业主导的经济体制模式以及长期依赖"稳增长、保增长"的宏观调控诉求，货币政策调整对实体投资的抑制作用和负面影响被显著削弱，导致货币政策调整对实体投资在经济形势趋紧时表现出较为明显的促进作用。

### （三）跨国溢出效应

根据历史经验，发达经济体央行尤其是美联储的货币政策调整，往往会产生较大的溢出效应，影响其他经济体和世界经济的增长形势与金融稳定[①]。在经济全球化背景下，各国经济相互影响和依赖，货币政策调整会通过影响全球经济预期和信心（Baker 等，2016；Apostolou 和 Beirne，2019）、资本流动和出口贸易（Chadwick，2019）等蔓延至其他国家。通常来说，货币政策调整的溢出效应，主要体现在由发达国家的政策调整导致的不确定性影响流出和外溢至发展中国家与新兴经济体。如 Trung（2019）研究了美国政策不确定性如何在全球框架中向其他国家溢出，结果表明，2008 年金融危机之后，许多政策不确定性的增加主要源于美国，美国政策不确定性影响推动了全球经济商业周期的波动，而货币政策的溢出效应则取决于美国（政策类型）和接受国（经济发展水平和金融开放程度等）特征的异质性。Apostolou、Beirne（2019）的研究则为美欧等发达经济体的货币政策决定导致的不确定性影响传导至新兴市场实体经济提供了证据。发达经济体的货币政策调整的溢出，不仅会影响发展中国家和新兴经济体的产出、消费、外商直接投资（FDI）等（Trung，2019），也会降低人们对新兴经济体的未来预期，最终导致资本外逃，引起国际贸易和投资减少（Chadwick，2019）。

## 二、货币政策调整影响的传导机制

关于经济政策不确定性对企业实体投资的影响渠道，现有研究主要是从实物期权和金融摩擦两个方面进行分析。

---

① 2022 年 5 月 8 日，大众日报第 5 版（时事）文章《多国调整量化宽松货币政策或影响世界经济》。

在不确定的经济环境下，实物期权的价值来源于企业投资策略的相应调整。Dixit、Pindyck（1994）首先强调了实体企业大多数投资决策的不可逆性，即在面临不确定性时，考虑固定资产投资的调整成本和等待价值，企业应如何决定是否以及何时投资新的资本设备。Bloom 等（2007）将具有大量调整成本、时变的不确定性以及投资决策纳入模型，研究结果表明，不可逆性程度较高时，不确定性会降低企业投资对需求影响的反应，即不确定性增加了实物期权价值，使公司在投资决策时更加谨慎（Magud，2008）。Gulen、Ion（2016）在研究经济政策不确定性影响企业实体投资问题时考察了实物期权机制，他们认为，政策不确定性通过增加企业期权价值以等待更多信息披露，从而导致投资项目的延迟或放弃。

金融摩擦渠道作为阐述不确定性影响企业实体投资的作用机制亦受到广泛关注。Christiano 等（2010）认为市场中的信息不对称和代理问题使金融摩擦成为普遍现象，而金融摩擦问题会显著强化宏观经济波动对企业长期投资项目获得资金产生的负面影响。Arellano 等（2012）研究发现，在金融摩擦环境中，宏观波动性影响导致信贷约束内生收紧会阻碍企业的投资能力并恶化资本配置效率。Gilchrist 等（2014）则从微观和宏观层面考察了金融摩擦机制下，宏观不确定性对企业投资的影响，他们指出，宏观不确定性主要通过信贷利差和金融扭曲两种机制影响实体投资。李鹏飞和孙建波（2018）则通过金融摩擦机制考察了不确定性和民间投资的关系，他们认为，金融加速器和债务—通缩效应会扩大宏观不确定性的负面影响效应。赵珂（2022）的研究同样表明了金融摩擦渠道是货币政策调整影响的关键传导和放大机制。

事实上，不确定性影响会通过多种渠道影响经济活动。谭小芬和张文婧（2017）认为政策不确定性影响企业投资的过程中，金融摩擦和实物期权会同时发挥作用，其中实物期权渠道占主导地位。此外，还有学者从企业所有权性质和股权集中度（李凤羽和杨墨竹，2015）、企业管理层以及股东和债权人关系（饶品贵等，2017）以及对政府补助依赖程度的高低（Gulen 和 Ion，2016）等方面研究了货币政策调整对企业投资的影响。Alaa El-Shazly（2009）和 Jacob 等（2019）还分别从预期渠道和预防性储蓄渠道分析了货币政策调整对投资决策产生的影响。

## 三、货币政策调整影响的政策调控效应

2019 年末始发的新冠疫情在全球流行，让本就缓慢复苏的经济雪上加霜。为了应对新冠疫情影响，世界各国不断加码财政政策和货币政策，但政策刺激易放难收，尽管短期内这些政策对于稳定经济发挥了作用，但大规模货币政策的调整和实施带来的不确定性影响效应，以及发达国家货币政策的负面溢出效应也逐渐显现，正如 Bloom（2017）所认为的，货币政策调整影响会加大经济活动的不可预期性，掣肘货币政策调控效果的有效发挥。与此同时，如何应对这些问题也成为焦点。因此，对于货币政策调整问题的研究，始终在于寻求解决货币政策调整影响的有效途径和方案。

从货币政策的运用来看，部分学者研究认为，数量型货币政策和价格型货币政策在锚定不同调控目标，应对政策不确定性的影响时各有优劣。Mayer、Scharler（2011）认为，两种类型的货币政策均能发挥其逆周期调控优势，达到提振经济增长、稳定物价水平的目标，但若分析货币政策调整程度的高低，两种类型的货币政策谁更优则难以甄别。对于政策不确定性导致的产出下降问题，田磊和林建浩（2016）则认为数量型货币政策的反应更为敏感，刘喜和等（2014）也持相同观点，但在锚定政策不确定性导致的通货膨胀问题时，则价格型货币政策表现出较好的调控效果（庄子罐等，2016；张龙，2020）。姜龙（2020）认为不同阶段下货币政策量价工具的影响特征和调控效果也存在较大差异。价格型货币政策中介目标尽管在短期具有较好的调控效果，然而在中长期会对经济增长和通货膨胀产生负向影响（邓创和曹子雯，2020），这意味着，长期来看货币当局也应坚持实施稳健的货币政策，谨防货币政策调整在中长期给实体经济造成的负面影响。

从货币政策和其他政策组合应对不确定性的机制来看，章上峰（2020）构建了一个包含经济不确定性影响的新凯恩斯 DSGE 模型，研究发现，面对经济不确定性影响，相较于数量型货币政策，价格型货币政策往往能够发挥更加有效的调控作用（王君斌等，2013）。赵珂（2022）系统考察了货币政策

调整影响下中国财政、货币政策的反应规律及其协同调控效果。研究发现，当货币政策调整较高时，积极的财政政策反应灵敏，不仅能够拉动产出增长，也能够弱化宽松货币政策的通货膨胀效应，即货币政策和财政政策的协同配合可以有效减缓货币政策调整对经济的负面影响。

## 第二节　企业金融化的投资效应研究

2008 年始于美国并在全球蔓延的金融危机，不仅将对金融体系功能和作用的关注拉入公众意识前沿，而且引发了学者对金融部门与实体经济关系认识的研究热情。这种热情伴随着金融业长期迅猛的扩张。重要的是，这种金融扩张不仅反映在金融部门的规模和范围上，还反映在非金融企业的金融市场参与和金融行为结果中（Krippner, 2005），金融扩张不仅体现在发达国家，也成为发展中国家和新兴市场经济的关键特征，对实体经济的发展产生了实质性影响（Sawyer, 2013; Fine 和 Saad-Filho, 2014）。本节围绕企业金融化动机、金融化的投资方式和金融化的投资效应对相关文献进行梳理。

### 一、企业金融化的动机研究

现有文献对企业金融化动机的研究结论存在较大差异，甚至形成了相左的观点：要么将金融化的动机归结为规避风险的"预防性储蓄"，要么将金融化的动机归结为"资本逐利"。

#### （一）企业金融化的"预防性储蓄"动机

蓄水池理论指出，非金融企业持有金融资产的目的是储备流动性，当风险和外部环境的不确定性加剧，而金融资产的投资收益较高时，金融收益提供的流动性，一定程度上可以增强企业预防性储蓄，特别是在外部经济环境不确定性进一步上升的情况下。张成思和郑宁（2020）从微观风险和收益并结合宏观货币政策因素研究发现，尽管不同类型的企业表现出了异质性，但风险仍是实体企业金融化的主导因素。胡奕明等（2017）的研究也支持了这一观点,他认为企业配置金融资产的主要目的也是基于"预防性储备"。Crotty(2003)和 Dumenil、Levy(2004)同样证实了蓄水池在分配更多金融资产以防止未来投资短缺方面普遍存在的动机。一项对民营企业的研究表明,交易性金融资产减少了民营企业的融资约束,进而显著增强了民营企业投资支出的可持续性(Davis,2017;Liu 等,2018)。可见,在制造业普遍下滑的情况下,金融渠道获利的增长为实体企业提供了缓冲机会,从金融渠道获得的内生现金流将促使企业减少融资约束(Xu 和 Xuan,2021),因此,金融资产成为企业在经营过程中获取和流动短期资金的有效手段。

## (二)企业金融化的"逐利"动机

部分学者认为,实体企业投资金融产品是出于谋利的动机(Fiebiger,2016)。相对于实体企业利润率走低,泛金融业的高额回报率成为驱使企业持有金融资产的重要动机(王红建等,2016),非金融企业越来越多地被视为"食利者"而偏好金融投资(Kliman 和 Williams,2015)。特别是主张股东价值论的文献认为,企业管理者和股东的"逐利"动机推动了金融化行为,而非"预防性储蓄"的避险动机。Demir(2009)与江春和李巍(2013)分别通过投资组合理论、优序融资和权衡理论分析了宏观不确定性下金融和固定投资之间的收益率差距促使非金融企业倾向于配置金融资产进行投机套利。在委托代理理论下,Lazonick、O'sullivan(2000)从公司股东价值最大化的公司治理原则解释了非金融企业对金融投资的偏好,在股东价值信条下,这些公司从支持长期投资活动转向了将股票回报率作为衡量他们卓越业绩的标准(Davis,2017)。对于中国上市公司股权高度集中的问题,文春晖和任国良(2015)指出,当大股东和小股东利益冲突加剧时,金融化可能沦为大股东投机套利和获取私利的工具。因此,金融化是否会对投资产生不利影响则取决于企业金融化的"逐利动机"是否占据主导地位(江春和李巍,2013),Fiebiger(2016)则通过美国上市公司数据,证明了企业金融化出于"逐利动机",且金融投资的快速增长推动资产价格的上涨,会形成虹吸效应,吸引更多的资本投入金融领域。戚聿东和张任之(2018)证明,在"逐利动机"

下，大量金融资产被分配到资产负债表中。这些资产以多种方式进入金融和房地产行业以获得高回报，从而表现出强烈的"逐利动机"。

## 二、企业金融化投资方式

### （一）产融结合模式

在市场竞争环境日趋激烈、宏观经济不确定性和信贷问题不断增加的背景下，越来越多的非金融企业为对冲风险或追逐盈利，将投资触角伸向金融领域。一些企业通过设立、并购、参股等方式投资金融机构，使得金融部门与实体部门之间逐步渗透和融合，形成实体资本与金融资本的产融结合模式。一方面，有文献表明，企业持股金融机构能够缓解企业融资约束，弱化企业对流动性储备需求（朱松等，2014）。企业通过与金融机构的"融合"，不仅可以缓解与银行间的信息不对称，拓展融资渠道和降低融资成本而减轻融资约束压力（万良勇等，2015），特别是对于存在"信贷歧视"的民营中小企业。此外，产融结合还能够缓冲企业技术创新风险（杨筝等，2017）、企业财务风险以及货币政策调整等宏观经济波动带来的流动性风险影响（栾天虹和腾米洁，2020），从而有助于企业优化资产配置，提高资源利用效率。另一方面，也有学者对产融结合的金融化模式的负面影响展开讨论。其中 Guarilia 等（2011）关注了金融市场风险向实体经济传递的风险，提出了建立风险控制"隔离区"。而李维安等（2014）和蒋水全等（2017）则对具有股东价值导向的管理者利用闲置资金攫取超额金融收益的"投资短视"问题，以及因"监管真空"而导致的过度投资问题产生了担忧。

### （二）影子银行化

随着经济金融化在实体经济领域的逐步深化，越来越多的非金融企业大量从事金融服务。一些大企业利用融资优势，通过充当"融资平台"从事资金借贷业务赚取高额利润，也有企业通过投资和并购等"间接参与影子借贷市场"（李建军和韩珣，2019）。有学者分析，在实体经济长期疲软的背景下，经济金融化的加强（张成思，2019）、融资歧视与资本错位（Den 和 Sterk，2011；韩珣和李建军，2020）以及监管漏洞等都是导致非金融企业影子银行化的重要因素。影子银行化作为套利行为驱使的产物，具有双重属性①：一方面，它能够解决资金匮乏企业的融资约束问题（Sheng 和 Wu，2009）。韩珣（2017）的研究表明，无论是外部信贷还是内部现金，融资结构对企业影子银行业务都表现出积极的推动作用，因此影子银行业务通过融资渠道对企业投资产生重要影响（季菁平，2018）。另一方面，也有学者指出，影子银行化是以牺牲工业企业的长期发展和经营效益为代价追求高额利润的结果（Bodnaruk 等，2016）。在我国，一些大型国有企业和民营企业大量从事金融服务，这些大公司成为融资平台，通过投资、并购和收购扩大业务链，利用融资优势，以较低的成本借入资金，然后将资金借给信用评级较低的公司，以赚取超额利润（Xu 和 Xuan，2020）。实体企业正在成为影子银行业务的一部分，实体部门与金融部门边界越发模糊，高风险和高杠杆特征打通了金融风险与实体经济之间的屏障（Bodnaruk 等，2016），特别是当部分大股东基于"逐利"的短视动机参与银行化业务时，不仅会加剧企业违约风险（毛志宏等，2021），也会降低企业主营业务业绩和盈利能力，从而不利于企业长期的实业发展计划（司登奎等，2021）。

## 三、企业金融化的投资效应

目前，对于企业金融化的投资效应，学术界的观点并未统一，部分学者认为企业金融化对实体投资有负面影响，也有部分学者持相反观点。

### （一）企业金融化对实体投资的负面效应

国外学者关注企业金融化与实体投资的关系较早，一些有影响力的实证研究表明，企业金融化对实体投资具有决定性的负面影响（Stockhammer，2004；Demir，2009a，2009b；Orhangazi，2008；Van Treeck，2008）；比较有

---

① 2020 年 12 月 4 日，中国银保监会政策研究局、统计信息与风险监测部课题组共同撰写发布《中国影子银行报告》。

代表性的文献中，Orhangazi（2008）认为，金融化可能通过两个主要渠道阻碍实际投资。首先，金融投资的高额获利机会可能通过改变公司经理的财务目标，将更多资金引入金融领域而"排挤"了实体投资（Davis，2017），其次，金融投资支出会减少可用的内部资金，加之强调股东价值的"金融化"，企业更注重短期股东利益（Stout，2012），特别是外部环境不确定性增加情况下，管理人员将资金用于长期不可逆固定资本的意愿下降，从而抑制企业的实际投资（Stockhammer，2004）。此外，非金融企业支付中增加的财务支出和获得的财务利润的增加都与固定投资呈负相关，特别是在大公司中（Davis，2017）。该分析捕捉了固定投资与实体部门和金融部门不断增长的收入流之间的系统性负相关关系。不仅英美等发达国家的金融化存在"挤出效应"，OECD 国家也存在非金融部门因更"青睐"金融投资而减少实业投资的问题，新兴市场如阿根廷、墨西哥、土耳其等国家亦是如此。对于中国实业资本积累率增长放缓的情况，张成思和张步昙（2016）也从金融化视角进行了论证和诠释，认为经济金融化显著降低了实业投资率。不断增长的股东导向，其中实体企业越来越关注业绩的财务指标，而不是公司增长和固定投资（Stockhammer，2004）。有证据表明，美国公司的固定资产投资受到了不利影响，公司投资金融产品是出于谋利的动机（Fiebiger，2016）。金融投资越来越多地取代或"挤出"固定资产投资，会拖累企业未来核心经营业绩（Xu 和 Xuan，2020），从而引发对经济增长停滞和脆弱性的担忧（Tori 和 Onaran，2018）。

## （二）企业金融化对实体投资的积极效应

值得注意的是，尽管越来越多的文献发现企业金融化的特征与实体投资有关，然而，对于这种关系发生的国家制度背景、金融发展程度以及微观影响的主要渠道，甚至关系的方向，仍然缺乏共识。还有观点指出，企业金融化对实体投资的影响可能因制度和国家金融发展水平而异（Lapavitsas 和 Powell，2013；Seo 等，2016；Karwowski 和 Stockhammer，2017）。如 Kliman、Williams（2015）认为，非金融企业在获得固定资本的同时获得金融资产，可以改善长期和不可逆转的资本投资的内在风险，由此，他们认为，美国的积累率下降与金融化完全无关。Seo 等（2016）的研究同样没有发现金融资产收购与韩国固定投资之间存在排挤关系的证据。在资本市场不完善的情况下，金融自由化可以降低代理成本和信息不对称，将储蓄引导到成本更低、效率更高的投资项目上，从而促进投资和经济增长（Levine，2005；Law 和 Singh，2014）。Tori、Onaran（2018）认为，金融收入对投资的强烈负面影响是金融发展水平高的国家非金融企业的特征，而对于金融发展水平低国家的非金融企业，这种影响略微积极，尽管在经济上可以忽略不计。金融化对于较小的非金融企业有较大积极影响的，也仅限于金融发展水平较低的国家。相反，在金融发展水平高的国家，增加金融收入则会挤出对所有非金融企业的实体投资。此外，Denis、Sibilkov（2010）认为从长远来看，如果公司在实际投资利润较低时投资于金融资产，则金融获利可为长期实际投资提供资金。

## 第三节　企业实体投资影响因素的研究

### 一、企业实体投资的微观影响因素研究

#### （一）早期的企业投资理论

早期的企业投资理论主要从影响企业投资的微观因素进行分析。一般来说，主要包括加速器模型、现金流模型、新古典投资理论以及 Tobin Q 理论，前两个理论主要从企业内部决策出发，而 Tobin Q 理论则从企业的外部环境出发来评价企业的最优投资决策。

加速器模型是西方经济领域早期研究企业投资的主要模型，它认为企业投资主要由产出决定。首先由 Clark 在 1917 年提出，该模型假定资本存量与企业产出之间存在一个固定的比例关系，他假设每期的资本存量都可以调整为能够获得最大利润的最优值，也就是产出与资本会成比例地变动，但因这个假定过于偏离实际，并未取得较好的样本数据拟合度。所以 Koyck（1954）取消了这个假定，提出了灵活的加速器模型，也就是资本存量不仅取决于当

期产出，也会受到历史产出水平的影响。尽管该模型更为接近现实，但其缺陷是没有考虑投资成本和企业跨期投资选择的问题。

早期的现金流模型主要考虑企业内部现金流与企业投资的关系。该模型的主要观点是，在信息不对称和代理问题下，外部融资成本较高时，企业主要依赖于内部现金，从融资成本的角度利用利润最大化假设，推导出企业的最优投资决策（Meyer 和 Kuh，1957）。对于存在融资约束的公司，其投资机会一定程度上取决于内部现金流水平（Fazzari 等，1988）。

新古典投资模型最早由 Jorgensen（1963）在他的论文《资本理论和投资行为》提出。该模型仍是在厂商利润最大化的假定之下，将生产函数引入企业投资模型，考虑了产出、资本和劳动、资本要素价格，劳动价格以及产品价格等来寻求最优资本存量。该模型经 Treadway（1969）等学者进一步修正和完善，成为企业投资的微观分析工具。

Tobio Q 理论针对新古典投资模型的缺陷，从企业外部环境考虑，利用资本市场信息来寻找企业最优投资决策。与之前的模型相比，Tobio Q 理论的实体投资决策考虑了企业在资本市场的价值表现，将企业的投资决定与边际 Q 值进行比较，即当企业新增投资的重置成本小于其股票市场价值时，企业就会选择增加投资，反之，企业则不愿增加投资。在对于企业投资的实证分析中，主要将 Tobio Q 理论作为影响企业投资的重要因素（Carpenter 和 Guariglia，2008），或者用来衡量企业获利能力和未来投资机会，反映其对企业投资决策的影响（靳庆鲁等，2012）。

## （二）融资约束与企业实体投资

资金的获得一定程度上决定了企业的投资行为。早期研究主要集中在企业内部现金流上。相关学者们将企业融资问题从企业内部扩展到企业外部，即获取外部资金的能力成为影响企业投资决策的重要因素。一方面，由于信息不对称、税收、交易成本以及资本市场不完善等，银行不掌握企业经营情况而谨慎放贷，企业外部融资成本和难度上升，这可能导致企业放弃一个好的投资机会（Myers 和 Majluf，1984）。另一方面，在委托代理的公司治理结构下，Fazzari 等（1988）将从外部资金提供者那里获得融资数量和融资成本计入企业的"资本成本"，以支持使企业利润最大化的投资决策，他发现，融资成本过高会导致企业偏离均衡的投资水平，从而使投资效率低下。

## （三）成本理论与企业实体投资

成本直接影响着企业利润，企业投资不可避免地需要考虑成本问题。随着我国经济的发展，"人口"红利的逐渐消失以及原材料价格的上涨等，成本问题已经成为现阶段制造企业投资的关键，实体产业用工成本的增加和税费负担沉重等问题引起广泛关注（黎娇龙，2018）。人力成本的上升以及金融和房地产业的大规模扩张等导致实体企业结构性发展失衡，以房地产和股票价格为代表的资产价格波动与以原材料、燃料等实物资产价格为代表的通货膨胀，不仅抑制了制造企业实体投资（范言慧等，2015），还引发了工业企业"规模空心化"问题（吴海民，2012）。尽管我国制造业人力资源成本相对日本、韩国等发达国家仍存在优势，但相比于印度等国家，廉价劳动力优势已不复存在（Yang 等，2006）。当前，要素成本运价居高不下，工业企业利润持续下降，制造业投资仍承受巨大压力。从成本角度看，企业的税负也备受关注，缴费负担重，使实体投资回报率下降，进而影响企业的投资意愿（Djankov 等，2010）。付文林和赵永辉（2014）认为，税收负担成为抑制实体企业固定资产投资的重要因素。

## （四）其他因素

随着企业微观数据库的逐步建立和完善，不少研究从微观视角探究了企业实体投资的影响因素。其中有信息不对称、融资约束与实体投资的关系（Lensink 和 Sterken，2001；肖珉等，2014），也有公司治理因素，如股权集中度和治理模式对企业实体投资的影响（Panousi 和 Papanikolaou，2013；李小荣和张瑞君，2014），也有从高管特征出发，对其年龄、性别、教育经历、职业经历以及任期等方面进行研究（常云博，2019；姜付秀等，2014）。还有学者对所有权性质与企业实体投资关系进行研究，如企业控制权和现金流权的分离度与过度投资（俞红海等，2010）、大股东持股在国有和民营企业间关于投资效率的差异问题（叶松勤和徐经长，2013）等。此外，会计稳健性与实体投资的关系也受到关注，如 Lara 等（2016）提出会计稳健性有助于企业获得更多资金支持并能有效缓解企业实体投资不足的问题。

## 二、企业实体投资的宏观影响因素研究

早期对企业实体投资影响的研究多集中于微观个体方面，进入 21 世纪，学者们开始将研究视野拓展到宏观经济因素的影响，不少学者开始研究宏观经济波动、经济政策调整以及外部监管等。

### （一）宏观经济波动与企业实体投资

稳定的宏观经济环境和良好的制度环境对于企业长远的实体投资规划有重要影响。而宏观经济波动性加剧则意味着企业外部投资环境的恶化和风险加大，且投资收益不确定性上升，这会迫使企业改变或放弃的投资决策。Keynes（1936）在分析投资需求对经济的影响时强调，企业投资应考虑宏观不确定因素的影响，宏观经济环境波动越大，投资项目的风险越高，这会打击企业投资意愿。Fazzari、Hubbard（1988）的研究进一步证实了这一说法，在较高的经济不确定性环境下，部分企业可能会陷入资金链断裂危机（Bernanke 等，1990），或者因为推迟项目的等待期权价值上升（Dixit 和 Pindyck，1994），而推迟或放弃当前的投资机会。Bond、Cummins（2004）的研究表明，如果宏观波动性在高位持续，会对实物资本积累产生长期的负面抑制效应，此外，还有学者以汇率波动代表宏观不确定性（Stein 和 Stone，2011），以交互效应模型提取宏观不确定性因素对企业融资约束（Bai 等，2011；闵亮和沈悦，2011），以选举年的交替作为宏观不确定性对企业就业、融资约束以及企业投资决策进行了研究，结果均支持了宏观波动对企业投资具有负面作用这一观点（才国伟等，2018）。

### （二）经济政策不确定性与企业实体投资

在对宏观经济波动对经济影响的研究中，一个重要的分支是政策不确定性对企业实体投资的影响。这一研究兴起于 2008 年金融危机后，主要研究各国政府出台的大量支持经济复苏政策所产生的不确定性对经济的影响。从现有文献来看，学者们的结论比较接近，即经济政策不确定性的上升会损伤企业的投资意愿（Jeong，2002；Gulen 等，2016）。此外，还有大量学者基于 Baker 等（2016）提出的政策不确定性指标（EPU）进行了实证研究。Ion、Gulen（2016）的研究结果表明，政策不确定性会推迟企业的投资计划，且在高不可逆性和较为依赖于政府补助的企业中表现得更为明显。Bloom（2009）从实物期权和风险溢价视角进行研究，认为不确定性的上升增加了等待的实物期权价值和风险影响而使企业缩减了他们的投资计划。国内部分学者的研究也支持了这一结论。饶品贵等（2017）研究发现经济政策不确定性越高，实体投资率降幅越大，特别是对于具有较高投资不可逆性、财务约束较大以及竞争力较弱的企业，经济政策不确定性的抑制效应更大。谭小芬等（2017）和张成思等（2018）则分别从企业流动性资本价值和现金流风险、实体投资收益率和外部融资成本等方面来考察经济政策不确定性对实体投资的影响效应。李小林等（2021）则将经济政策不确定性与货币政策综合考察，发现经济政策不确定性会通过企业外部融资水平的降低和现金流风险增加而弱化宽松货币政策对投资的影响。而经济政策确定性的抑制效应不仅与企业的融资约束程度相关（陈国进和王少谦，2016），也与企业受政策因素影响的大小有关（饶品贵等，2017）。

### （三）政策调整与企业实体投资

#### 1. 货币政策调整与企业实体投资

货币政策影响企业实体投资的主要渠道分为货币渠道和信贷渠道，其中信贷渠道影响更大，传导速度也更快（Bernanke 和 Gertler，1995）。对于中国货币政策影响实体经济的传导渠道，多数文献持相同观点（闫先东和朱迪星，

2018），国内学者对两种渠道的有效性和主导性进行了研究，他们认为，货币渠道尽管存在，但因我国利率市场化和资本市场化尚不完善而不能充分发挥货币政策的传导作用，所以信贷渠道的传导机制占据主导地位（盛松成和吴培新，2008）。下面主要介绍货币政策的波动通过信贷渠道影响企业实体投资的相关研究。

在宽松的货币政策下，谢军和黄志忠（2014）认为，宽松的货币政策和区域金融市场的发展可以通过降低企业融资约束和改善金融生态环境而刺激企业扩大投资规模。尤其是对于中小民营企业和金融发展程度低地区的企业，宽松的货币政策与宏观审慎政策的协同效应可以显著改善其融资环境（张朝洋和胡援成，2017）。一般来讲，宽松的货币政策可以增加信贷供给，降低企业融资成本，特别是央行推出的直接购买等非常规货币政策，有助于放松融资限制，刺激实体企业的投资活动（Foley-Fisher 等，2016）、提高企业家投资信心（张成思和孙宇辰，2018），从而促进企业投资，弱化投资不足的问题（Keefe 和 Tate，2013）。此外，宽松的货币政策能够缩小国有企业和民营企业之间融资约束的差距（喻坤等，2014），改变市场预期，增加企业投资机会（钟凯等，2016）。

在紧缩的货币政策下，叶康涛和祝继高（2009）发现，货币紧缩政策会通过降低资金配置效率使信贷融资—投资机会反应系数下降，特别是银根紧缩时期，信贷资金会向资金实力雄厚的大企业或国有企业倾斜。此外，当货币政策收缩时，银行为降低风险而缩短信贷期限，从而影响企业投资，其中，财务受限的企业受政策变动和银行承担风险水平的影响更大（Adachi-Sato 和 Vithessonthi，2017）。而在我国相对特殊的企业融资结构下，相对于国有企业，银根紧缩导致的信贷供给减少对民营企业影响更大（饶品贵和姜国华，2013）。Becker、Ivashina（2014）研究发现，货币紧缩政策会导致银行信贷收缩，企业会通过其他途径获取外部资金，如发行债券。尽管这种替代行为对部分企业有积极作用，但对于融资约束较大的中小民营企业而言，发行债券无法替代银行信贷收缩导致的财务收紧，而且紧缩性货币政策还会提高企业融资门槛，增加融资难度，从而对企业实体投资产生不利影响（杨兴全和尹兴强，2015）。

张西征和刘志远（2011）认为，货币政策对企业融资约束和投资支出的影响具有非对称性，紧缩性货币政策对企业投资的抑制效应显著大于扩张性货币政策的促进作用。宽松的货币政策可以降低企业内部资金敏感性，有效改善企业金融生态，促进企业扩大投资（黄志忠和谢军，2013）。货币政策由松及紧，会收紧企业融资渠道，抑制实体投资规模（刘星等，2014）。吕峻（2015）从营运资本和商业信用融资视角考察了货币政策与企业投资水平的关系，认为紧缩性的货币政策会减少企业营运资本，促进企业选择商业信用融资，而宽松型货币政策则会缩减企业商业信用融资，但通过增加企业营运资本促使企业扩大投资规模。袁卫秋和黄旭（2016）则从财务柔性的视角研究发现，对于财务柔性较强的企业，即便面临紧缩性货币政策，仍可以不受信贷融资约束，而面临宽松货币政策时，企业会出现过度投资现象。李小林等（2021）则从经济不确定性视角的进行研究，认为宏观不确定性会弱化宽松货币政策对企业投资不足的影响。

### 2. 贸易政策调整与企业实体投资

关于贸易政策调整与企业实体投资的关系，Schott 等（2017）的研究认为，面临贸易政策不确定性的上升，企业会因规避关税风险和采购成本风险而缩减存货投资规模。同样，当贸易政策不确定性较高时，企业为了规避国外技术禁用风险，以及获得更多的政府补贴也会增加自身的创新支出（李敬子和刘月，2019）。Handley、Limao（2012）发现贸易政策不确定性会延迟企业进入。Caldara 等（2020）通过建立了贸易政策不确定性的公司层面的度量，将该指标和企业投资纳入 VAR 模型中，发现贸易政策不确定性的上升的确限制了企业实体投资。刘晴等（2020）认为贸易政策不确定性的上升会加大企业对国际市场的依赖，进而影响企业的投资决策。司登奎等（2021）利用金融市场和汇率市场化协同效应考察了贸易政策不确定性对企业创新投资的抑制作用，认为单一的市场化无法弱化不确定性的负面影响，而两者的协同能够发挥显著的弱化作用。

### 3. 税收政策调整与企业实体投资

关于税收政策调整与企业实体投资的关系，Hassett、Hubbard（2002）认为减税能够提高企业利润，有利于企业增加实体投资。Desai、Goolsbee（2004）的研究说明，减税政策的实施对企业资本积累增长会贡献 1~2 个百分点。Yagan（2015）使用准实验测试美国 2003 年的股息减税方案是否刺激了企业实体投资，结果发现，该减税改革并未影响企业投资的变化。对许多学者探讨了我国的营改增的税收制度改革其对企业投资的影响，大都支持增值税改革在一定程度上促进了实业投资（申广军等，2018）。不同的是，刘怡等（2017）使用中国工业企业数据库数据考察了增值税和企业所得税的交叉效应，并使用三重差分法研究了不同税种对企业固定资产投资的影响。

### （四）政府官员更替和外部监管与企业实体投资

#### 1. 官员更替

在官员更替对企业实体投资的影响方面，学者主要从官员更替产生所导致的政策不确定性视角出发进行研究，如陈德球（2017）以地级市核心官员的变动引发的政策不确定性研究其对企业实体投资规模的影响，认为官员的频繁变动会抑制企业扩大投资规模，且可能会促使企业放弃净现值为正的投资项目，从而失去好的投资机会。才国伟等（2018）则以我国地方官员变动率为代理变量，发现官员变动率的提高在企业融资获得性较小时显著抑制了企业实体投资。Gao 等（2013）则围绕美国州长选举所导致的政治不确定性进行研究，结果发现，政治不确定性会影响投资动态，导致国际公平市场波动，并推动跨境资本流。Colak 等（2016）同样研究了美国州长选举的不确定性与企业 IPO 的关系，发现政治不确定性会抑制该州的 IPO，选举期间政治不确定性对企业投融资的负面影响更为严重。

#### 2. 外部监管

在促进产业结构调整、转变经济增长方式的进程中，政府加大了对环境污染和逃税等违法失责行为的监管力度。但有研究证明，政府在环保和逃税追责方面打击力度的增强会制约民间资本的投资获利，削弱企业家的投资信心（黎娇龙，2018）。俞庆进和张兵（2012）用百度指数反映政府外部监管和企业家安全感，研究其对股票交易活动的影响。黎娇龙（2018）借鉴该方法，研究了外部监管和企业家信心对企业实体投资的影响。结果发现，政府的环保督查和打击力度的增强恶化了企业的投资环境，特别是对民营企业投资打击最为严重，政府对逃税行为的打击力度增强，也不利用增强企业投资信心，从而对企业实体投资产生负面影响。

# 文献述评

首先，通过梳理货币政策调整经济效应相关文献发现：第一，已有文献侧重于货币政策调整的宏观经济效应，而忽视了宏观经济效应的微观基础研究，即很少有文献研究货币政策调整对微观经济主体投资活动的影响。第二，货币政策调整的负面经济效应已经引起学术界和货币当局的关注，并对如何解决货币政策调整影响的途径和方案进行了研究，但通过整理文献发现，现有学者提出的解决方案主要基于政策制定者如何完善宏观调控体系和功能，以及政策本身的调整与运用，或者与其他政策，如财政政策相结合的策略来降低货币政策调整影响带来的不良后果。并没有文献从企业视角出发，考虑企业在面临货币政策调整时如何采取行动来规避不确定性风险和降低外部影响对自己的负面影响，以保证企业投资和经营的顺利运行。第三，尽管存在大量研究货币政策对企业实体投资行为影响的文献，但其研究仍主要侧重于货币政策水平影响的影响，而较少关注货币政策频繁调整产生的不确定性和波动性影响的影响。此外，在研究不确定对企业实体投资的影响的文献中，大多基于经济政策不确定性视角，而缺乏聚焦货币政策调整的投资效应研究，特别是货币当局政策行动及其后果所产生的不确定性给企业造成的"担忧"，没有受到足够的重视。第四，不同规模和业绩、不同性质和行业的企业在投资决策、融资约束、风险抵御能力等方面也有所不同，因此货币政策调整对其产生的影响也会有所差别，以往研究主要基于上市公司，对货币政策影响结果缺乏更为细致的分层研究。

其次，梳理企业金融化相关文献发现：第一，关于企业金融化动机的研究集中在微观层面，并未从微观和宏观结合的视角探究实体企业金融化的本质动机，尽管部分学者研究了宏观经济波动、经济政策不确定性以及货币政策等企业金融化动机的宏观影响因素，但缺乏货币政策调整与企业金融化动机，以及企业金融化行为对货币政策调整的反应灵敏程度的相关研究。第二，同货币政策调整的投资影响效应相同，对企业金融化动机的研究主要是基于上市公司的经验，而缺乏对不同规模和业绩、不同性质和行业企业的更为细致和具体的研究。第三，现有文献关于企业金融化对实体经济发展是否具有破坏性的观点中，无论是企业金融化对实体投资有负面"挤出"效应，还是具有积极的正面影响，抑或是在不同的制度背景以及不同的金融发展水平下体现出的异质性，也主要是基于上市公司的数据，而缺乏对企业的细分研究。第四，很多文献在分析企业金融化动机的经济效应时，常常将融资约束程度和不同类别的金融资产作为金融化动机的代理指标，尽管代理指标具有一定的合理性，但也可能令结论有失偏颇。

最后，通过梳理企业实体投资的相关研究发现：第一，早期的企业实体投资影响因素的分析主要集中在微观层面，而后期的研究主要集中于宏观层面，但缺乏与微宏观相结合的研究视角。第二，研究货币政策与企业实体投资的文献和研究企业金融化与实体投资的文献数据都比较多，但鲜有探讨货币政策调整和企业实体投资以及两者关系中企业金融化调节效应的文献。特别是经济下行压力下，中国经济金融化加速和振兴实体经济并行，相关研究更是缺乏。

基于以上分析，本书认为：一方面，货币政策作为政府宏观调控的最重要手段之一，其对企业实体投资决策影响的重要性不言而喻，因此聚焦于货币政策调整的微观投资效应，对于稳定宏观经济基本盘，发挥对微观实体企业支持的精准导向作用和提升直达性都极为重要。因此本书从货币政策调整视角出发，研究其对实体投资的影响，并将企业按照经营业绩、规模大小和体制类型、行业进行分类，研究货币政策调整对不同类型企业影响效应的差异性。这对于从企业视角理解货币政策调整的经济后果，以及对货币政策实施的准确性和"对症性"具有借鉴意义。

另一方面，本书对于企业金融化动机，同样进行了细致的研究，厘清不同经营业绩和规模、不同性质和行业企业金融化动机的异质性，并从企业视角，分析了企业金融化动机和对货币政策调整做出的动态反应。此外，为克服使用融资约束程度和不同类别的金融资产等作为金融化动机的代理指标可能造成的结论偏颇问题，本书在企业金融化动机实证结果的基础上研究了金融化的调节效应，并根据实证结果将企业进行分组，来研究货币政策调整对不同动机金融化的影响。这对于正确理解企业金融化在货币政策调整与实体投资关系中的调节效应有重要意义，同时为政府制定差异性政策和措施提供一定的参考。只有做好这些基础工作，才能真正实现"好的金融"服务于实体经济发展的目标。

从目前研究看，大多数文献或是研究宏观货币政策对企业实体投资的影响，或是研究企业金融化与实体投资水平的联系，而鲜有文献将三者放入同一框架探讨企业实体投资率下滑的原因。从货币政策调整来看，政府试图通过政策调整来维持金融部门和实体部门的良性互动，使制造业稳定发展和实现资本积累，然而政策频繁调整带来的不确定性导致市场主体预期偏差和融资约束收紧抑制了实体投资。而企业金融化是资本在实体企业和金融市场之间的流动，金融化为企业提供了新的投资选择，金融化的逐利避险属性使之成为规避风险或者获利的工具。本文基于中国经济特征的现实，在对企业进行了分类，从企业金融化动机出发，研究货币政策调整和企业金融化对实体投资影响，为减轻经济政策不确定性影响和寻找金融支持实体经济发展的平衡路径提供新的视角和启示。

# 第二章　货币政策调整、企业金融化与实体投资理论分析

## 第一节　核心概念界定

### 一、货币政策调整

#### （一）货币政策调整的测度方法

货币政策调整是指由于货币政策本身的易变性或宏观经济形势的不确定性等导致货币政策取向或传导的不可预期性（王立勇和王申令，2020），货币政策的调整频度越高往往意味着货币政策调整越大。目前，学界并未形成广泛、有效且统一的测度方法，不同学者出于不同的研究动机会采用不同的测度方法。因不同方法在不同内涵和适用条件下各有优缺点，因此选择合适的货币政策调整的度量方式，对于更好研究货币政策调整与金融化对企业投资决策的影响有很大帮助。本书在对现有测度方式进行分类和总结的基础上，选择适用于本书研究问题的测度方式。根据测度指标和测度方法，现有文献对货币政策调整的度量基本上可以分为基于文本数据的测度方法和基于随机波动率模型的测度方法。

#### 1. 基于文本数据的测度方法

对于基于文本数据的测度方法，学者 Baker 等（2013，2016）开发了文

本数据方法测度的综合指数来衡量与政策相关的经济不确定性。他们选取美国 10 家最具影响力的报刊，敱索其电子档案中讨论政策不确定性的文章，并计算不确定性关键词出现频次，将 10 家报纸系列标准化后按月求得平均值得到政策不确定性指数，并捕捉和评估市场主体对政策调整行动经济后果不确定性的反应。这种方法得到广泛认可，Husted 等（2020）使用这一方法，构建涵盖了《华盛顿邮报》《华尔街日报》和《纽约时报》三大金融报刊的货币政策调整指数来度量美联储政策调整的经济后果。Trung（2019）同样借鉴该方法，研究美国货币政策调整的影响如何蔓延至世界其他地区。Ho 等（2018）也在此方法基础上估计美国货币政策调整对中国住房、股票以及贷款市场的影响。还有许多学者借助文本数据方法测度了一些国家和地区的货币政策调整指数。如 Gabauer、Gupta（2018）测度了美国和日本内部与外部的货币政策调整及其溢出效应，而 Antonakakis 等（2019）研究了国际货币政策溢出效应在发达经济体之间的传递。Huang、Luk（2020）也在文本数据编制不确定性指数的基础上，选取中国各大重要城市的主流报纸及其数字档案搜索关键词，对相关系列进行标准化后，编制了中国经济政策不确定性指数，并通过 SVAR 模型估计了中国经济政策不确定性对宏观经济的影响。

**2. 基于随机波动率模型的测度方法**

基于模型的测度方法主要利用货币政策工具和中介目标的标准差或者残差进行度量，或者利用 GARCH 模型及随机波动率模型等来估算货币政策调整。如 Favero、Mosca（2001）以三个月和六个月短期利率的预测误差反映货币政策的不确定性。Herro、Murray（2010）通过测量和汇总联邦基金利率并利用计量经济学预测其短期偏差来量化货币政策调整程度。Albulescu、Ionescu（2018）使用三个月货币市场利率，通过记录利率与其预测值的价差，以利率与预测值的负偏差代表政策不确定性的来源。傅步奔（2020）则在梳理中国货币政策规则的基础上，将实际政策对政策规则的偏离程度作为货币政策调整指数，并在此基础上运用随机波动率模型研究了中国货币政策调控体系的转型。部分学者还借助金融衍生品的隐含波动率及历史波动率来测度未来和历史性货币政策调整指数，如利率期货价格波动（Chang 和 Feunou，

2014)、欧洲美元期货利率的波动率（Kurov 和 Stan，2018)、国债期货期权等利率衍生品的隐含波动率（Kaminska 和 Roberts-Sklar，2018）以及美林证券期权波动率估计指数（Chadwick，2019）等。Jurado 等（2015）则定义了大量由不确定性驱动的经济指标，将这些指标中不可预测部分的共同波动作为货币政策调整的代理指标。Meinen 和 Roehe（2017）与王博等（2019）都参照 Jurado 等（2015）的方法，使用货币政策相关变量，将未来的不确定性表示为基于某一期信息预测的期望值与未来不确定性的真实值之间的偏离程度。Meinen、Roehe（2017）还证明了该方法的稳健性。

### 3. 测度方法的选取

综上分析可以发现：选取一个或几个货币政策工具指标，然后基于模型方法测算偏差或者波动率代替货币政策调整指数，这种方法具有数据易得性、操作性和计算方便等优点，但缺点是选取的指标过于单一化，不能全面反映货币政策调整。虽然 Jurado 等（2015）的测度方法考虑得较为全面，但还是掺杂了经济基本面不确定性因素的可能（Meinen 和 Roehe，2017)。同时，Jurado 等（2015）也指出，以利率或股票市场收益率的隐含或已实现的波动率来表示货币政策调整，其充分性取决于这些指标与潜在随机波动过程的相关性，而这些关联条件往往是特殊的和被疏忽的[①]，从而使不确定性的预测出现系统性偏差。相对而言，文本方法编制的货币政策调整指数，不仅是通过主流媒体关切企业本身，与微观企业行为特征紧密相关，而且能够较为准确地捕捉微观企业主体的真实感知，根据本书所研究的问题，只有充分考虑微观企业对宏观货币政策的主观感知，才能更好反映货币政策调整与金融化对企业投资决策的影响，因此本书选用文本数据方法测度货币政策调整指数。

在文本数据测度方法中，Baker 等（2016）开创性地使用该方法构建了部分国家和地区的货币政策调整指数，其中也包括中国。但因中国媒体审查问题，该学者仅搜索了《南华早报》的相关内容，这也意味着，该指数具有片

---

① Jurado 等（2015）指出：即使经济基本面的不确定性没有变化，而杠杆变化或市场避险情绪变化等也会造成资产市场波动，股市波动也会发生变化，也就是常见风险因素的负荷存在异质性时，个股收益率横截面离散度也会波动，而经济不确定性没有发生任何变化。

面性，涵盖媒体范围狭窄，此外，仅选取一份报纸作为样本，该报刊的媒体导向和偏好以及构建报刊和关键词频次等方面皆可能使指数受到影响。而Huang、Luk（2020）克服了以上问题，对中国货币政策调整指数的测度更为全面和准确。因此，本书基于Huang、Luk（2020）的测算框架获取中国货币政策调整指数。

此外，考虑文本数据测度方法的精度取决于媒介范围、关键词的选择，而缺乏对相关指标及其波动直观的度量，为更全面客观地考察货币政策调整对实体投资的影响，本书亦参考Jurado等（2015）和王博等（2019）测算方法的构建框架，重新计算中国货币政策调整指数，作为替代变量进行稳健性检验，以确保研究结果的稳健性。

## （二）中国货币政策调整指数的测算

### 1. 指标选取

本书采用Huang、Luk（2020）两位学者通过报纸报道所建立的与货币政策相关的经济不确定性指数，并以此来反映市场主体对于货币政策的制定、执行以及货币政策行动结果不确定性的"担忧"。该指数量化了从2000年1月到2018年12月每月讨论货币政策不确定性的文章。通过统计国内十大主流中文报刊的电子档案来检索相关关键词，这些报纸包括《北京青年报》《广州日报》《解放日报》《人民日报（海外版）》《上海晨报》《南方都市报》《新京报》《今日晚报》《文汇报》《羊城晚报》。作者搜索了2000年1月以来的十家报刊的数字档案，如表2-1和表2-2所示，"经济"、"不确定性"和"政策"以及货币政策相关术语这四个标准中每篇至少包含每个类别一个关键词的文章。对于这十家主流报刊，货币政策调整文章的数量由该报的文章总数标准化后生成每份报刊的月度系列，然后将这十家报纸系列标准化为单位标准差并每个月求和，按月计算十家报刊的平均值，作为货币政策调整指数。和Baker等（2013）开发的经济政策不确定性衡量指标一样，该方法测算的不确定性指数主要是使用主流报刊的关键词搜索。为保证结果的稳定性，将构建的政策不确定性与中国其他不确定性指数进行了比较，并通过一系列检测证明了政策不确定性指数对报刊选取和媒体偏见的稳健性，结果都通过了检验。
本书则使用上述方法和指标测度了 2011—2020 年中国货币政策调整指数。

表 2-1　经济政策不确定性关键词

| 序号 | 指标 | 关键词 |
|---|---|---|
| 1 | 经济 | 经济/金融 |
| 2 | 不确定性 | 不确定/不明确<br>波动/震荡/动荡<br>不稳/未明/不明朗/不清晰/未清晰难料/难以预料/难以预测<br>难以预计/难以估计/无法预料/无法预测/无法预计/无法估计/不可预料/不可预测/不可预计/不可估计 |
| 3 | 政策 | 政策/制度/体制/战略/措施/规章/规例/条例<br>政治/执政<br>政府/政委/国务院/人大/人民代表大会/中央<br>国家主席/总书记/国家领导人/总理<br>改革/整改<br>整治/规管/监管<br>财政<br>税/税收<br>人民银行/央行<br>赤字<br>利率 |

表 2-2　货币政策调整关键词

| 序号 | 关键词 | 序号 | 关键词 |
|---|---|---|---|
| 1 | 货币政策 | 9 | 利率/存款利率 |
| 2 | 宏观调控 | 10 | 贷款利率 |
| 3 | 人民银行/央行 | 11 | 加息/减息 |
| 4 | 公开市场操作 | 12 | 货币供应量 |
| 5 | 存款准备金 | 13 | 借贷工具/借贷便利工具 |
| 6 | 降准/下调存款准备金率/上调存款准备金率 | 14 | 通货膨胀/通货紧缩 |
| 7 | 正回购/逆回购 | 15 | 量化宽松/QE |
| 8 | 货币流动性/资本流动性 | 16 | 量化紧缩/QT |

### 2. 测度结果

根据所选取的样本期间，本书使用上述方法和指标计算了 2011—2020 年中国货币政策调整指数，图 2-1 则展示了该指数的走势。

可以发现货币政策调整指数的峰值出现在金融危机后的 2011 年；另一个高点出现在 2015 年"股灾"期间，2016 年后货币政策调整指数持续下降，其间尽管有小幅上升，但总体保持了相对平稳的趋势。这与已有研究的结果类似，印证了该指数的准确性。围绕货币政策调整指数的波动，梳理货币政策调控或者意外事件引发的货币政策调整波动如下。

（1）金融危机后的 2011—2012 年。2008 年国际金融危机爆发，为应对危机后经济复苏乏力和缓解通货紧缩压力，"各国中央银行的货币政策从传统货币政策工具向非传统工具转移，且很多国家开始尝试货币政策与微观调整之间的平衡，但在这些政策效果不是很明显的情况下，一些主要的央行又实行了负利率政策"[①]。在国际金融不确定性上升环境下，同样为应对金融危机带来的负面影响，我国政府不仅推出"四万亿经济刺激计划"，还实施了各种宽松低息的货币政策来缓解日益严峻的经济形势。尽管"货币政策前期大大缓解了经济下行压力，但在后期却带来了通货膨胀以及流动性泛滥等一系列不良后果"[②]。整理中央银行发布的《货币政策执行报告》发现，从金融危机前我国实行的"从紧"的货币政策到危机后央行推行"适度宽松"的货币政策[③]，2009 年信贷增量远超市场预期，M2（广义货向供应量）增速也达到高峰。尽管 2010—2011 年央行实行了相对稳健和略紧缩的货币政策，但前期释放的流动性影响在 2012 年使货币政策调整指数达到一个高峰，2012 年后，央行退出扩张性货币政策时期，随着流动性的释放，货币政策宽松力度减弱，逐步回归稳健，由图 2-1 可知 2013—2014 年货币政策调整指数保持了相对稳定的状态。

---

[①] 2016 年 6 月 4 日，中国人民银行行长助理殷勇在"2016 青岛·中国财富论坛"的演讲内容。

[②] 邓创，曹子雯. 中国货币政策调整测度及其宏观经济效应分析 [J]. 吉林大学社会科学学报，2020（1）：50-59.

[③] 参见 2007 年、2008 年和 2009 年《货币政策执行报告》。

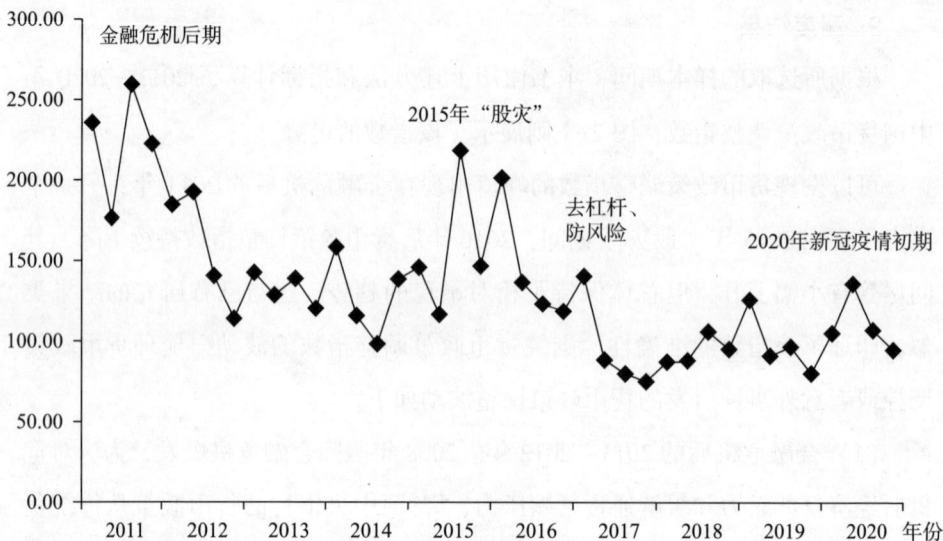

图 2-1  货币政策调整指数走势

注：绘图数据经计算获得。

（2）"牛市"后"股灾"的 2014—2015 年。2014 年第三季度，随着美联邦公开市场委员会宣布缩减资产购买规模，美国结束了金融危机后启动的量化宽松货币政策，并于 2015 年开启加息。受美国逐渐收紧流动性的货币政策调整溢出效应的影响，新兴市场和发展中经济体不得不进行调整，这导致了不确定性的加剧[①]。而我国在 2014 年的股市"牛市"后迎来的却是 2015 年的"股市暴跌"，随后央行开始降息降准，对于此次暴跌，有专家分析是市场预期央行的宽松货币政策已经进入观望期，甚至货币政策会调转方向，也就是市场对货币政策方向产生不确定性，但央行退出的中期借贷便利（MLF）加量和延期，以及央行降息降准，之前的货币政策预期则被证伪。此次的调整，既打击了市场预期，也损害了市场信心，加之"8·11"汇改，外汇储备和外汇占款出现负增长，这不仅加大了央行货币政策执行的压力和挑战，同时也推高了货币政策调整指数。

（3）去杠杆、防风险的 2016—2017 年。2016 年美欧和日本央行等仍继续

---

①  张宇燕，徐秀军 . 2014—2015 年世界经济形势回顾与展望 [J]. 当代世界，2015（1）：6-9.

实行宽松的货币政策，尽管对美联储加息预期增强，但国际金融市场和流动性形势复杂多变，资本市场价格上涨，外汇市场波动频繁。而国内经济回稳的同时，通胀压力和部分地区的资产泡沫问题仍然存在，经济金融领域风险增加，与此同时，央行的货币政策并未锚定某个目标，而是关注多个目标并视情况调整货币政策执政方向①，多元目标下市场预期困难增加，可能引致货币政策调整指数的上升②，自 2016 年第四季度，央行开始针对市场流动性缺乏以及金融资源错配乱象进行"削峰填谷"和"缩短放长"的整治，此外，2017 年"去杠杆和防风险"成为迫切任务，央行没有使用准备金率和基准利率等工具，稳健中性的货币政策使货币政策调整指数在这两年呈现出小幅波动后下降的趋势。

（4）稳健微调的 2018 年及之后。2018 年世界经济延续了复苏向好的态势，国内金融运行总体平稳，央行实行了稳健中性的货币政策，加强逆周期调节，保持流动性合理充裕和货币信贷合理增长，并运用结构性货币政策精准发力中小民营企业，进一步加强了金融服务实体经济的激励和引导服务③。此外，"去杠杆、防风险"工作也取得进展，广义货币 M2 的增速由过去远高于民营企业，到两者差距不断缩小，货币回归稳健中性④。2018 年的货币政策不仅延续了 2017 年的稳健性，且承接了 2019 年的稳健性"松紧适度"，这使 2018 年的货币政策调整指数保持了相对较低和平稳的状态。相较于 2018年，2019 年的货币政策没有再使用"中性"一词，但"不搞大水漫灌"的稳健性货币政策仍是基调⑤。尽管如此，全球经济出现放缓，降息潮的掀起，使全球金融波动性升高，一定程度上也推动了国内货币政策调整指数的小幅度上升。值得注意的是，2020 年在新冠疫情的阴霾下，经济发展受到前所未有的影响以及外部环境不确定性的搅动，全球主要经济体采取了一系列货币政

① 李超，宫飞. 货币政策十五年回顾——2003 至今央行货币政策状态的归纳总结 [DB/OL].（2018-7-16）. https：//baijiahao. baidu. com/s? id=1606140145848566675&wfr=spider&for=pc.

② 王立勇，王申令. 货币政策调整研究进展 [J]. 经济学动态，2020（6）：109-122.

③ 孙国峰. 货币政策回顾与展望 [J]. 中国金融，2019（2）.

④ 参见 2018 年 11 月 16 日国家信息中心首席经济师范剑平在"2018 第七届中国上市公司高峰论坛"发表"展望 2019 年货币政策及对实体经济和资本市场影响"的主题演讲内容.

⑤ 2022 年 3 月 11 日《华夏时报》文章指出：稳健的货币政策五年之变：总量和结构双轮驱动.

策刺激计划，我国的货币政策也有由"松紧适度"调整为"更加灵活适度"，且与阶段性大规模减费降税等政策相结合，有力地舒缓了经济困难，但多次和多种货币政策的推行一定程度上也使 2020 年前两个季度不确定性上升，但随着我国经济稳步修复，央行开始注重"稳增长"与"防风险"的平衡，"防风险"的考量上升，货币政策开始向中性回归[1]，货币政策调整指数趋于下降。

## 二、企业金融化

### （一）企业金融化定义的方法与类型

金融化问题在经济领域备受关注，但现有文献对"企业金融化"的定义仍然模糊不清，并且在不同的研究中存在较大的差异。由于企业金融化的内涵极其丰富，这种定义上差异各有优缺点。一方面，不同经验指标可以捕捉企业金融化不同方面的优势；另一方面，"企业金融化"常被隐含地假设是进行分析的统一现象，实则其在不同分析中往往适用不同情况。几乎所有非金融企业金融化的文献都强调了非金融企业与金融市场之间日益复杂的关系[2]，例如，Orhangazi（2008）将"金融化"定义为非金融企业增加的财务支出和非金融企业金融利润的增加，以说明金融市场与非金融企业之间的关系。Lazonick（2012）强调了企业资源配置的金融化，以及 Krippner（2005）等学者认为非金融企业越来越多地参与金融投资，而且非金融企业的利润越来越多地由金融渠道获得，而不是依赖企业的生产、贸易等业务（Stockhammer 和 Grafl，2010；张成思，2019）。可见，企业金融化仍是一个定义模糊的术语。但需要注意的是这些企业金融化概念的差异和重叠之处，以及不同定义的企业金融化在多大程度上解释了所要研究的结果，因此，在整理和认识现有文

---

① 任曙明，张婉莹，李莲青，等. 货币政策调整对企业创新的影响——基于企业风险承担水平的中介效应［J］. 当代经济研究，2021，312（8）：101-112.
② 本书中的非金融企业指的是泛金融业之外的其他行业，即实体企业，书中出现的非金融企业皆指实体企业。

献对企业金融化定义的基础上，界定企业金融化的内涵对研究问题有重要作用。

表2-3总结了一些企业投资相关文献中对金融化的定义。主要分为两组。第一组文献强调了传统非金融公司财务收入的增长。第二组文献强调了非金融企业对融资的支付增加，包括利息、股息或股票回购。第一组和第二组对企业金融化的定义体现了非金融企业和金融市场之间的资金流动，特别是金融资产持有量的增长（即这些金融利润源自的资产存量），如 Orhangazi（2008）强调了与金融收入和金融支付相关的金融化的两个方面。需要注意的是，以上文献的研究结论对企业金融化以及金融化的不同特征对企业投资行为的影响结论并不完全一致，如 Demir（2009c）认为金融利润排挤固定投资，Stockhammer（2014）则使用该指标来解释与股东价值相关的公司行为变化，而 Orhangazi（2008）的解释融合了两者。

**表2-3　企业投资相对文献对于金融化的定义**

| 分析视角 | 代表文献 | 金融化的经验指标 | 分析国别和时间 |
|---|---|---|---|
| 资产负债表的资产方和收入的财务来源（强调了传统非金融公司金融收益的增长） | Stockhammer（2004） | 非金融商业部门的利息和股息收入（食利者收入），相对于部门增加值 | 德国、法国、英国和美国（1963—1997） |
| | Krippner（2005） | 与公司现金流相关的利息、股息和已实现的投资资本收益（投资组合收入） | 美国（1950—2001） |
| | Orhangazi（2008） | 相对于股本的财务利润（利息收入和净收益中的权益） | 美国（1973—2003） |
| | Demir（2009b） | 固定资产回报率与金融资产回报率之间的差距 | 墨西哥、土耳其和阿根廷（1992—2003） |
| | Kliman、Williams（2014） | 金融资产（"组合投资"） | 美国（1947—2007） |
| | Seo 等（2016） | 金融资产 | 韩国（1990—2010） |
| | 彭俞超等（2018） | 金融资产增长率 | 中国（2007—2015） |

| 分析视角 | 代表文献 | 金融化的经验指标 | 分析国别和时间 |
|---|---|---|---|
| | Davis（2017） | 金融资产总额（相对于总资产）和金融利润率（利息和股息收入，相对于金融资产） | 美国（1971—2014） |
| | 张成思、张步昙（2016） | 金融渠道收益占比：非金融企业投资收益、公允价值变动损益、净汇兑收益以及其他综合收益加总占总营业利润的比例 | 中国（2006—2014） |
| 资产负债表的负债方和财务支付（强调了非金融企业对融资的支付增加，包括利息、股息和/或股票回购） | Orhangazi（2008） | 相对于股本的财务支付（利息支付、股息支付和股票回购） | 美国（1973—2003） |
| | VanTreeck（2008） | 利息支付和股息支付，均与股本相关 | 美国（1965—2004） |
| | Onaran 等（2011） | 相对于 GDP 的净股息、净利息和杂项支付（食利者的收入） | 美国（1962—2007） |
| | Kliman、Williams（2014） | 股息支付 | 美国（1947—2007） |
| | De Souza、Epstein（2014） | 非金融企业部门的净贷款（或减少外部融资的净使用） | 美国、英国、德国、荷兰、法国和瑞士（1995—2011） |
| | Seo 等（2016） | 股息支付 | 韩国（1990—2010） |

　　除了表中所列，还有一些文献强调了波动性和不确定性环境下的企业金融化的含义，这些文献主要基于发展中国家或新兴经济体的金融深化背景，如 Demir（2009a，2009c）研究了阿根廷、墨西哥和土耳其三个新兴市场，Akkemik、Ozen（2014）和 Seo 等（2016）、彭俞超等（2018）分别研究了土耳其、韩国和中国的企业金融化问题。基于宏观经济不确定性与企业金融投资之间的关系，不确定性或风险成为调解企业在非流动资本投资和流动金融投资之间进行投资组合分配决策的关键参数（Demir，2009b）。Davis（2017）将美国公司金融资产持有比例与宏观波动性联系起来，将公司波动

性引入投资函数，并捕捉到波动性与投资之间的负联系。彭俞超等（2018）分析了经济政策不确定性与企业金融化之间的关系。然而，不确定性和风险在调节金融化与投资之间关系时发挥的作用仍然不足。

## （二）企业金融化内涵的界定

总的来说，以上文献对企业金融化的定义分为两个方面：一是非金融企业通过金融渠道获利占比的不断提升；二是非金融微观企业金融资产持有比率日益增长。

一方面，非金融企业营业利润中金融渠道获利占比越来越高，这是实体经济金融化的重要体现（张成思，2019）。张成思和张步昊（2016）从该视角诠释了我国实体投资率持续下滑的问题。他们发现，实体企业金融化会抑制实体投资率，并弱化货币政策支持实体经济的有效性，且金融化会导致风险收益错配，进而对实体投资产生负面影响。而 Orhangazi（2008）的研究则认为，总体上发现金融化对企业实体投资存在负面效应，但对于不同规模的企业、制造业和非制造业以及是否为耐用品生产企业金融化的影响则存在差异性。因此，对企业的规模以及经营业绩等进行细致考察，也许与企业金融化在货币政策调整影响实体投资的关系的研究结论不同。另一方面，实体企业金融资产持有比例日益增长也能反映实体经济金融化的程度。实际上，20 世纪 80 年代，美国等发达经济体的金融扩张就已渗透和反映在非金融企业中，随着金融体系的发展和完善，世界范围内开始出现非金融企业偏好金融投资的现象（张成思，2019），Krippner（2005）、Drmir（2009a）和 Stockhammer（2004）等分别通过对美国、新兴市场国家以及 OECD 国家微观实体企业投融资过程的研究，发现发达国家和 OECD 国家的微观企业更青睐于金融投资，而阿根廷、墨西哥和土耳其等新兴市场国家的金融化趋势也在进一步加强。这些学者在描述金融化这些现象时，侧重于使用企业投资组合中金融资产占比的指标。

本研究的主题是货币政策调整影响实体投资关系中企业金融化的调节作用，因此，对企业金融化的定义侧重于微观企业金融化行为的动机和结果，由于，非金融企业的金融资产持有比例反映的是实体企业资产类别份额的变化，而资产类别持有份额更偏向静态指标，无法捕捉企业投资行为的变化和反映企业配置金融资产的结果。因此本书借鉴张成思和张步昙（2016）、Orhangazi（2008）、Demir（2009c）、Tori 和 Onaran（2018）的研究，将企业金融化的定义为非金融企业金融渠道获利占营业利润的比值，企业金融化水平的上升即非金融企业的金融渠道获利占比的不断提升。其计算公式为金融渠道获利/营业利润总额。其中金融渠道获利包括企业投资净收益+公允价值变动损益+汇兑净收益−合营与联营企业的投资净收益+利息收入−利息支出。需要说明的是，张成思和张步昙（2016）按照 Arrighi（1994）对金融化的界定标准，将金融化水平根据企业金融投资获利口径的不同划分为广义金融化和狭义金融化，广义的金融获利包括了企业投资净收益+公允价值变动损益+汇兑净收益+其他综合收益，而狭义的金融获利则剔除了合营和联营企业投资收益与其他收益。尽管 Demir（2009）和刘贯春（2017）在对企业配置金融资产范畴进行界定时，从广义角度都将长期股权投资作为企业主要的金融资产类别，但根据中国会计准则，从管理会计资产分类来看，长期股权投资属于经营性长期资产，即实体企业间的合营或者联营导致的资金流动属于企业内部结构重组，而非金融投资（张成思和郑宁，2020）。因此，遵循保守原则，本书未将合营与联营企业的投资净收益纳入企业金融获利。

## （三）金融化基本趋势

本书计算了 2011—2020 年中国 A 股非金融上市企业金融资产持有占比情况和金融渠道中获得的利润占比情况，其中，中国实体企业金融获利占比的平均水平为 10.75%。图 2-2 报告了样本期间金融化的走势，可以看出，企业金融投资占比和金融渠道获利占比皆呈现逐年上升趋势。其中金融渠道获利占比从 2011 年的 7.96% 上升到 2019 年的 16.69%（2016 年略有下降）。尽管在新冠疫情影响下 2020 年有所回落，但也达到 13.49%。这表明我国不同实体企业金融化程度在逐年加深，部分企业的金融化程度较高，企业金融资产持有比例不断增加的同时，企业通过金融渠道获利占营业收入的比重也在提高，但 2020 年在新冠疫情影响的经济不景气大背景下，企业的金融化水平出现了小幅的下调。

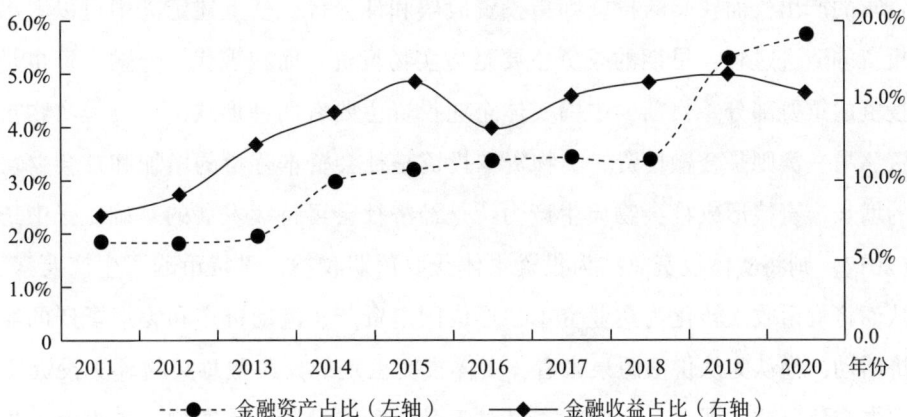

图 2-2　实体企业金融化趋势

数据来源：原始数据来自 CSMAR 数据库，根据计算绘制。

## 三、企业实体投资

### （一）企业实体投资内涵界定

近年来，随着金融市场的深入发展，房地产行业和金融业之间的关系越发紧密。不少学者在进行实体企业相关研究，特别是企业金融化和实体投资的研究中，几乎都将房地产业、银行业、证券业和保险业统一称作"泛金融部门"（Krippner，2005；张成思，2019），而将"泛金融部门"外的其他行业企业称为非金融企业①，即实体企业，本书的研究对象则为实体企业。

关于实体投资的概念，夏皮洛在其《宏观经济分析》一书中认为，投资是经济以新的建筑物、新的生产耐用设备和存货变动等形式出现的那一部分的价值②。同样，萨缪尔森在其《经济学》中认为，投资的意义是实际资本

---

① 因研究实体企业金融化问题的相关文献常常使用"非金融企业"一词，本书因描述需要，部分地方亦使用该词，且书中"非金融企业"皆指实体企业。

② 爱德华·夏皮洛. 宏观经济分析［M］. 北京：中国社会科学出版社，1985.

的形成，只有当物质资本形成生产时，才有投资①。而随着金融市场的发展，一些学者从广义和狭义两个角度对投资进行了划分，广义的投资主要是实际资本的产出，而狭义的投资则指投资股票和证券等。从上述定义中可以看出投资的演进过程，早期的投资主要是指实物投资，而在现代，金融投资也是投资的重要部分。目前，中国实体企业投资主要有两种形式，一类是实物投资，另一类则是金融投资。实物资本投资是社会资本存量的增加和社会财富的增长，直接形成社会物质生产力，是经济社会可持续发展的基础。张中华（2017）则将实体投资总结为投资主体获取预期收益，以货币购买生产要素，从而将货币收入转化为产业资本，形成固定资产、流动资产和无形资产的经济活动，他认为从价值源泉来看，实体投资也是最具典型意义的真实投资②，本书亦认可这一观点。因此，本书对于企业实体投资也从实物资本投资的角度进行界定，并使用"实体投资"进行表述③。需要注意的是，在企业投资相关研究中，投资行为往往体现投资决策的结果，投资决策体现投资行为的过程，两者在概念上存在高度交叉和重叠，部分文献中也存在交叉使用情况，因此本书未对两者严格区分。实体投资通常是一个较为庞大、组织内容较为复杂的系统工程，一般以项目方式组织实施，即一个投资项目就是一个投资单位，按期、按目标来组织固定资产、流动资产和无形资产投资，形成产业的综合生产能力和服务能力，因此，企业实体投资又具有长期性和不可逆性、不可分性和专用性等特点，即，企业从投入到产出再到效益用时较长，特别是固定资产投资，动辄几年，长则十多年，一旦企业做出投资决定，改变投资方案或者中断投资等，都会产生沉没成本和造成损失。

实体投资作为企业的主营业务和核心竞争力，是企业立足市场和长远发展的根本，本书聚焦于企业的实体投资进行分析。参考靳庆鲁等（2012）、张成思和张步昙（2016）的研究，本书将企业实体投资界定为企业投资于固定

---

① 萨缪尔森. 经济学 ［M］. 18 版. 北京：人民邮电出版社，2008.
② 张中华. 投资学 ［M］. 4 版. 北京：高等教育出版社，2017.
③ 本书所说实物投资即实体投资，考虑文献中表达或与企业金融资产投资形成对比，部分内容使用了"实物投资"一词，其含义等同于实体投资，此外，参考相关文献表述以及本书表达需要，出现的"企业投资"，同样指企业实体投资，且为避免混淆，企业金融投资均使用"金融投资"一词。

资产、无形资产和其他长期资产的现金之和除以总资产，即企业的实体投资率，也可以称其为固定资产投资率（靳庆鲁等，2012）。

此外，考虑到货币政策调整和企业金融化对新增投资支出的影响，本书参考 Biddle 等（2009）、张敏（2010）等的研究，用新增投资支出，即企业新增购买固定资产、无形资产及其他长期资产减去企业处置固定资产、无形资产及其他长期资产的差值除以总资产反映企业实体投资，并对模型进行二次估计，以验证结论的稳健性。

## （二）企业实体投资基本趋势

根据上述计算方法，绘制了 2011 年到 2020 年上市公司实体投资率趋势图。观察图 2-3，发现样本期内实体投资率呈现下滑趋势。以制造业为主的实体经济不断下滑的情况已引起政府重视，并出台多项政策措施以稳定和支持实体经济，一定程度上减缓了实体投资率的下滑速度，但仍未能扭转下滑态势。特别是新冠疫情影响下全球经济动荡，实体经济持续萎靡，政府更是推出了复苏和扶持实体经济的各项政策措施，但显而易见的是，这些政策对

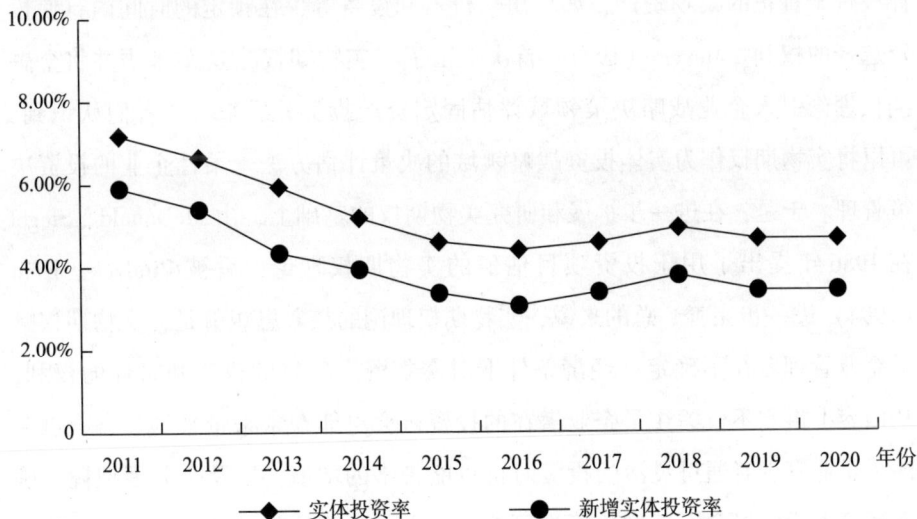

图 2-3　2011—2020 年实体投资率趋势

数据来源：原始数据来自 CSMAR 数据库，根据计算绘制。

于稳定实体经济"收效甚微"。企业的实体投资率从 2011 年的 7.16% 下降到 2015 年的 4.4%。2016 年到 2018 年尽管出现微小的回调，但并未形成长期竞争力，在 2018 年后又转头向下。特别是 2020 年，在新冠疫情影响下，实体企业在样本区间的总体投资率也跌至新的低点。2016 年前的实体投资率的下降速度可谓是"直线式"，但 2016 年后，保持了相对低速下滑和稳定的态势。

# 第二节　理论基础

## 一、实物期权理论

### （一）实物期权理论

实物期权是从金融期权发展而来的一个概念。可以说实物期权是将金融期权设计规则和估值模型引入实体项目的投资决策中，用以评价固定资产在不确定性环境下的战略投资决策。因此，实物期权是以预先设定的成本来选择投资于真正的实物资产，如厂房、机器和设备等，在预定的时间内行使投资选择的权利。Meyers（1977）首次提出了"实物期权"这个术语并将金融期权理论引入企业战略决策领域评估固定资产投资。后来，学者们认识到，可以将实物期权作为实体投资战略领域的决策评估方法来柔性企业的投资决策管理。于是，在进一步扩展和研究实物期权的基础上，由 McDonald、Siegel 在 1986 年提出了用于投资项目估值的实物期权理论，后被 Pindyck、Dixit（1994）进一步完善。总的来说，实物期权理论的核心思想就是，实物期权赋予企业管理者在不确定性经济条件下对实物资产项目的投资和管理的权利，从内容上讲它不仅关注了企业潜在的投资机会可能在未来带来的收益，也关注了企业管理者通过灵活的投资时机可能带来的增值，以及企业因把握不确定环境下投资机会而新增价值的可能。一方面，在外部经济环境的不确定的情况下，企业固定资产投资项目是选择继续进行，还是选择回避，等待更好的投资时机呢。在实物期权的概念中，延迟期权的代价高昂，也就是不确定性越高时，企业的实体投资面临的风险就越大，此时，企业对投资持有谨慎态度，可能会作出延迟投资或者放弃投资的决策，这种决策会使企业承担高昂的成本。这些成本不仅包括机器、设备等的价值，也包括了这些设备的折旧和损坏（Ramey 和 Shapiro，2001），有学者估算这些调整成本大约占资产价值的 50%（Cooper 和 Haltiwanger，2006）。此外，Schaal（2010）还强调了不确定性环境下，固定资产投资资本的搜索和交易成本，以及不确定性与搜索和交易成本相互作用对企业在安置劳动力方面的影响。另一方面，实物期权要求选择投资决策的行动会影响到预期回报率，也就是实物期权中等待期权的价值。而期权的收益取决于执行期标的资产的价格和执行价格的差值，若执行价格低于资产价值，则投资回报为正值，反之则为负值，因此，企业管理者观察和考量投资环境的不确定性后等待新的投资机会本身也具有价值，也就是说，在不确定性环境中，选择等待也是要付出代价的。

实物期权与在资产不可逆情况下的企业投资决策。固定资产投资项目因其物质资产特性而具有长期性、专用性以及固定性和不可逆性。最早分析实体投资项目不可逆问题的主要是一些与经济环境保护相关的文献。一旦企业管理者作出投资决定，项目不可逆性就会影响项目的投资价值，企业在不确定性环境下停止投资或者延迟投资，必定存在沉没成本，即便延迟投资，也会造成巨大损失。Hayes、Garvin（1982）与其观点一致，他们认为，传统的现金流决策因没有考虑投资不可逆情况，而导致资本投资积累发生系统偏差。Ross（1995）提出所有重大的投资决策都要考虑期权的价值问题，尤其是一些长期、不可逆投资项目，有些学者甚至认为 20 世纪 80 年代美国长期资本投资规模缩减很大原因在于错误使用贴现现金流分析方法而没有考虑资产不可逆性（陈金龙，2002）。

实物期权与不确定性环境下的企业投资决策。当企业投资项目面临的不确定性来自多个方面，特别是当不确定性较强、实施路径可能有较多分叉的灰色区域决策的情况，实物期权理论认为收集更多信息和等待不确定性下降，评估投资过程，并随时做出调整，可以最大限度规避风险，从而减少遗憾（陈金龙，2003）。可见，实物期权与金融期权类似，其价值取决于未来的不确定性。Copeland、Antikarov（2001）从企业内部的技术不确定性和外部经济不确定性两个方面，分析了企业管理者运用实物期权理论做出投资决策的行为。Trigeorgis、Reuer（2017）通过梳理和批判实物期权理论的相关研究，认为实物期权理论作为企业战略投资决策的支柱，对于面临不确定性困境的管理者处理竞争和合作之间的关系，以应对不确定性影响有重要意义。

### （二）实物期权理论与企业实体投资

实物期权理论将原本用于金融领域的估值模型引入投资决策领域（Trigeorgis 和 Reuer，2017），其核心是投资决策做出未来决定的不对称性，即只有在对决策者有利的情况下才能做出投资决定。在不确定性环境下，企业管理者需要解决的问题是如何挖掘潜在利益和减少不确定性，从而抓住有利时机实现投资增值。投资可以看作企业的选择行为，企业在权衡投资决策时会考虑固定资产的调整成本和投资项目失败可能产生的沉没成本①，以及在受到外部不确定性影响时，企业因观望而产生的等待期权价值等来决定其最优的投资战略（刘贯春等，2019），也就是说，实物期权就是企业已积累的管理弹性在环境不确定性情况下如何创造价值，而该价值就源于企业投资决策的灵活性（谭小芬和张文婧，2017）。

货币政策作为国家宏观经济调控的核心工具和重要手段之一，对企业投资行为和经济增长的影响不容忽视。尽管货币政策对熨平经济波动和稳定发展发挥了重要作用，但货币政策的频繁调整，仍会严重干扰市场预期。2008年金融危机爆发以后，我国的货币政策宽松或者收紧周期持续了两年左右，如2009年央行推出的扩张性货币政策，以及政府的"四万亿"计划，对于经济复苏、缓解金融危机发挥了重要作用，但后期也出现了一些不良现象，如通货膨胀上升、资源的低效分配以及流动性泛滥等，随后两年，货币政策收紧，2012年受欧债危机影响，紧缩性的货币政策转向稳健中性。但经历了2014年和2015年的股市"牛市"与"暴跌"，为"救市"，货币政策重回宽

---

① 根据刘贯春等（2019）对固定资产投资的描述，这里的调整成本主要是指固定资产投资项目面临延期、停滞或者失败时在市场的交易成本。

松，直至 2017 年，在去杠杆和防范金融风险的政策关切下，货币政策再次收紧。之后央行保持了稳健中性和稳健灵活适度。尽管如此，货币政策或宽松或紧缩的高频反复调整，仍加大了货币政策调整对经济发展的负面影响，一方面货币政策调整会通过降低利率传导机制有效性而影响企业投资；另一方面，货币政策调整也会干扰市场主体预期，导致实体投资特别是融资渠道不足、自有资金短缺的中小民营企业投资环境的恶化。

货币政策的频繁变动使企业融资环境出现"宽松—紧缩"局面，严重损害投资主体对政策以及未来经营环境的预期，加大了企业资金安排难度，不仅影响了企业投资，而且由于实体投资难度太大，实体资金不得不去金融市场寻找"出路"，这进一步加剧了市场预期的混乱，加重了实体企业投资环境的不确定性，使得企业实体投资延迟或更为谨慎。随着经济的发展，宏观货币政策的调整频率和波动性对微观经济主体的影响效应与传导效应逐渐成为学者重点关注的问题。实物期权理论为研究货币政策调整对实体企业投资影响和传导渠道提供了一定的理论基础。

## 二、融资约束理论

### （一）融资约束理论

融资约束简单来说就是企业的投资行为需要足够的资金支持，而企业在筹集资金的过程中会受到若干因素制约。一般而言，企业投资所需资金首先来自内部自有现金，如持有的现金或者流动性较高的变现资产等内部融资；若自有资金不足，则是向银行等金融机构"借"钱或者利用资本市场筹集。Modigliani、Miller（1958）认为，在完全有效的资本市场中，企业的内部融资和外部融资能够完全替代，因此企业的投资行为仅受投资需求的影响，而与企业的资本结构无关。他们的研究对于揭示企业资本结构与企业投资和价值之间的关系有重要意义，然而现实经济中，完全有效的资本市场并不存在，Myers、Majluf（1984）则把信息不对称问题和交易成本引入企业资本结构的研究中，提出了优序融资理论。他们认为，企业的内部融资和外部融资存在成本差异，企业会优先选择内部融资，其次才是外部融资。也就是因存在信息不对称和交易成本，企业面临着不同的融资约束。Fazzari 等（1988）进一步完善了这一理论，他们指出，由于资本市场的不完备性，企业内部资金成本低于外部资金，而内部资金充裕或者外部融资难度较低的企业受到的融资约束较小。Gertler（1992）进一步指出，不只信息不对称和交易成本会影响企业的融资结构，代理成本同样会使企业外部融资成本高于内部融资成本，在代理关系下，由于存在信息不对称，作为委托方的外部投资者对企业运营和业绩了解不足，会要求一定的风险溢价，而受托方的经理人则会更多考虑自身利益，两者的利益冲突也会导致外部融资成本上升。可见，信息不对称、交易成本以及代理关系等都会导致融资约束问题。后来，学者在研究传统的融资约束问题的基础上，也开始将视野拓展至宏观因素导致的企业融资约束的问题。如经济周期的波动、经济政策不确定性、货币政策和税收政策调整等对企业融资约束程度和成本的影响等（Bernanke 和 Gertler，1989；黄志忠和谢军，2013）。

## （二）融资约束理论与企业实体投资

由以上分析可知，融资约束是影响企业投资的重要因素。一方面，企业内部资金的充裕度可以有效地缓解企业因信息不对称导致的融资约束问题。同样，当企业面临融资约束问题时，也可以通过变现流动性资产提供资金。类似于企业现金，金融资产具有流动性、易变现性和收益性等特征，当企业陷入财务困境，可以变现金融资产，特别是短期交易性金融资产，满足企业内部资金需求，保证投资项目的顺利实施（戚聿东和张任之，2018），特别是在我国当前的金融体系下，由于制度歧视和规模歧视，中小民营企业普遍面临融资约束问题，它们会通过提高现金持有量或通过构建金融关联缓解融资约束问题（邓建平和曾勇，2011），而交易性金融资产可以有效降低民营中小企业的投资—现金流敏感性，促进民营企业创新投资的持续性（杨筝等等，2017）。另一方面，实体企业与金融资本的"融合"一定程度上也能够拓宽企业融资渠道（黎文靖和李茫茫，2017），减少对银行等传统融资渠道的依赖，提高企业资源配置效率（Bonfiglioli，2008）。

融资约束理论指出由于信息不对称和代理成本等问题导致企业面临融资约束问题。一方面企业因融资约束问题，在内部资金无法支撑净现值为正的投资项目（Almeida 等，2004），而金融化也许为企业提供了另一个渠道来增加内部资金以满足投资需求。另一方面，尽管在优序融资理论下，企业优先选择留存收益，其次才是外部融资，但 Baum 等（2008）的研究表明，企业增加现金持有量是因为面临的不确定性风险的上升，这不仅与企业对投资前景持谨慎态度有关，也与企业满足当前流动性动机有关（Boileau 和 Moyen，2010）。可见基于预防性储备动机而持有金融资产（胡奕明等，2017），不仅与企业自身的融资约束有关，也受到宏观不不确定性对企业投资的影响的影响（Demir，2009a）。因此，研究货币政策调整和金融化对企业实体投资的影响，融资约束理论发挥着重要作用。

## 三、预防性储蓄理论

### （一）预防性储蓄理论

预防性储蓄理论最早产生于对消费领域的研究。Leland（1968）指出，在不确定性情况下，消费者出于预防性动机会选择比平时更多的储蓄，而消费行为就因不确定性而变得更加谨慎。同样，企业作为市场投资主体，处于不确定性环境下也会考虑预防不确定性影响而谨慎作出投资决策，因此预防性储蓄理论越来越多地被应用于企业投资领域。作为企业融资的重要考量，较多的实证文献表明公司不但持有现金，而且现金持有量呈现逐年增加趋势（Dittmar 等，2003；Bates 等，2009）。凯恩斯认为预防性动机是人们为了应付不时之需避免资本损失或为了增加资本收益而持有现金的动机。预防性储蓄理论指出，在企业管理者所处投资环境不确定性较大的情况下，他不可能按照稳定时期的策略随机调整企业资本结构，此时，管理者更多的是依据融资能力和融资成本以及预期回报情况来制定投资决策。未来面临的不确定性越大，企业预防性储蓄动机越强烈，越倾向于储备更多的现金以预防流动性风险和资金断裂风险。所以，在不确定性上升的情况下，企业经营风险增加，投资决策就更加谨慎。因此，根据预防性储蓄理论，企业投资对现金的敏感性更大，而流动性较强的交易性金融资产，与现金类似（杨筝等，2017），当不确定性上升，企业可能出于"预防性储蓄动机"而持有金融资产，相反，稳定的环境下，企业会减少金融资产的持有量。金融资产流动性、收益性和调整成本低的特点都让其成为企业应对不确定性影响的储备资产（祝继高和陆正飞，2009）。可见，在"预防性储蓄动机"下，企业的金融投资行为的动机更倾向于储备流动性和平滑利润（韩燕等，2015）。与此同时，基于我国特殊的信贷结构体系和金融市场的不完善以及银企间信息不对称程度高等特征，实体企业，特别是中小民营企业受到融资约束程度较强，这在一定程度上促使了企业的预防性储蓄动机。

## （二）预防性储蓄理论与企业实体投资

对于企业投资来说，"预防性储蓄动机"更倾向于避免不确定性影响导致的流动性不足和造成的损失。一方面，货币政策直接关乎着企业的融资成本，而较高的货币政策调整不仅会影响企业的信贷总额和融资成本，也意味着企业外部风险的上升。因此持有足够的现金以应对不确定性影响和分散财务风险变得重要（Han 和 Qiu，2007）。另一方面，金融市场的发展为实体企业提供了更多投资选择，金融资本和实体资本的"融合"、交易性金融资产和衍生性金融资产以及各种理财业务等，更多的金融产品被设计出来，实体企业金融化程度逐渐加深，而金融资产具有风险对冲和套期保值功能，当企业面临货币政策调整影响时，可能会出于风险规避动机持有金融资产，同时，金融投资收益的增加，提升了企业资产的流动性，使企业不会陷入财务困境，避免因现金流风险而错过投资的有利时机（黄贤环等，2018）。特别是在企业面临不确定性导致的融资约束收紧和成本上升的情况下，金融收益的增加一定程度上可以解决因现金短缺而导致的投资不足问题（戚聿东和张任之，2018）。

现金作为企业投资和运营的"血液"，许多学者的研究都证明了企业会出于预防性储蓄动机而增加现金的持有量（Han 和 Qiu，2007；连玉君等，2009）。本书研究货币政策不确定性对企业实体投资的影响效应，考察了企业金融化以及不同动机的金融化在货币政策调整影响实体投资关系中的调节效应，都是以企业的视角考量，特别是企业对货币政策调整的反应，以及不确定性环境下企业金融化的动机分析等，预防性储蓄理论都提供了很好的解释。

## 四、委托代理理论

### （一）委托代理理论

委托代理理论是现代企业治理问题研究的基本分析框架，其核心在于探究在以契约方式解决企业所有权与控制权分离问题的过程中，如何缓解委托人与代理人由于信息不对称而产生利益不一致的问题，以及两者出于不同动机和风险偏好而采取不同投资行动的问题。企业作为一个利益集合体，委托代理理论研究了委托人和代理人的关系，根据 Jensen、Meckling（1976）的研究，在所有权与控制权分离情况下，经理人因持有的股份收益权与其承担的风险经营风险并不匹配，考虑到个人利益，企业经理人可能会进行过度投资和非效率投资，但随着股东价值理论的兴起，股东导向通过制定管理目标将管理人员与投资决策联系起来（Davis，2017），也就是提高基于股票的薪酬份额使管理人员和股东的利益保持一致，但这也导致了另外的问题，股东价值取向越来越根深蒂固，管理者越来越偏好"盈利最大化"，即管理人基于股票的绩效指标而越来越重视短期盈利，而不是关注企业长期的业绩和增长指标，以至于管理者对长期不可逆的固定资本投资意愿下降。

委托代理理论是建立在非对称信息博弈的基础上的，委托人和代理人的信息不对称就意味着委托人要通过合约来约束和激励经理人按自己的要求行事，这样就出现了阻碍合约执行的两大因素：道德风险和逆向选择，两者的目的在企业运营中经常出现偏差。而当企业留存大量现金时，就会加剧这种偏差，这就是从委托代理理论衍生出来的自由现金流理论（Jensen，1986）。较多的现金流往往让经理人在企业投资活动中产生"过度自信"，从而导致投资低效或投资浪费的情况，损害股东价值。相反，有限的现金流会加大企业的融资约束，使现金流变得"珍贵"，股东会盯紧经理人行为，经理人在"盯紧"之下也会谨慎地选择最佳的投资机会。即便如此，由于代理问题的存在，股东价值意识形态认为股东（所有者）和经理之间的代理问题会导致公司业绩不佳。代理问题被认为源于道德风险：管理人员可能会"努力不足"，进行"奢侈投资"（Tirole，2006）。为了减轻这种道德风险，代理理论提出了协调管理人员和股东利益的机制，包括公司控制的敌对市场（Jensen，1986）和基于股票的高管薪酬（Jensen 和 Murphy，1990）。虽然这些机制旨在提高公司绩效，但有关金融化的文献将与日益增长的股东导向相关的公司行为变化联系起来，尤其是管理层会更加关注短期绩效财务指标和固定投资率下降。

## （二）委托代理理论与企业实体投资

20 世纪 80 年代以来，代理理论下的股东价值导向逐渐成为公司治理形态中的主导，这也是对金融化与实体投资关系较为充分的解释，特别是伴随着金融化的进程加快和在全球金融危机后经济不确定性问题的凸显，以及实体经济发展迟缓，股东价值形态与公司战略变化关联，在服从股东价值的情况下，甚至从"保留和再投资"转变为"缩小规模和分配"（Lazonick 和 O'Sullivan，2000），这一特点在美国企业中尤为明显（Davis，2009）。尽管基于代理理论，管理层利益和股东利益密切联系，但在金融化和实体投资的相关文献中，股东导向所致的"利润追逐"金融化对企业防范风险和投资有消极影响。甚至有学者认为，一些类似金融公司的大型非金融企业，越来越像"资产包"，而不是一个资本积累企业（Crotty，2005）。尽管金融化使利润提高了，但利润占投资实物资本的比例下降了（Stockhammer，2005；Van Treeck，2009）。不断增长的股东价值导向下，实体企业越来越关注业绩的财务指标，而不是固定投资增长和企业长期发展（Stockhammer，2004；Davis，2017），在宏观经济环境不确定性上升，对未来投资预期不利的情况下，这一现象也许更甚。在大多数新兴市场，金融化的发展也伴随着宏观和微观价格的剧烈波动以及不确定性的增加，宏观环境波动的不确定性，一定程度上鼓励实体部门公司进行金融投资（Felix，1998）。投资者或许短期内可以从投机收益中受益，但加剧的波动性也可能导致自我风险加剧（Grabel，1995）。实体企业，特别是所受融资约束较大的中小民营企业，在波动性和不确定性增加以及信贷瓶颈的情况下，企业金融化会成为其缓解融资约束的另一途径，还是会因金融市场高回报吸引而忽略长远发展。同样，对于国有大型企业，金融化会成为其在更为动荡环境下利用融资优势获利的平台，还是激励其进行长期规划呢。可见，在宏观不确定性情境下，委托代理下的股东价值导向问题可能鼓励了"逐利"动机的金融化，也可能进一步加剧了外部风险对实体投资的影响，因此，在企业金融化动机，不确定性环境下金融化的调节效应方面，代理理论同样可以提供有力的解释。

## 第三节 货币政策调整、企业金融化
## 与实体投资的理论分析

为更清晰理解货币政策调整、企业金融化与实体投资之间的关系，本节从以下三个方面展开论述。首先，分析货币政策调整与实体投资之间的关系，并从实物期权和融资约束两个渠道分析货币政策调整对实体投资的影响机制。其次，通过搭建理论模型将企业金融化动机分为"预防性储蓄动机"和"逐利动机"，并探讨货币政策调整与企业金融化动机之间的关系。最后，讨论企业金融化在货币政策调整与实体投资关系中的调节效应，分析"预防性储蓄动机"和"逐利动机"下金融化调节效应的异质性，并进一步考察企业金融化通过实物期权、外部融资和内部融资渠道发挥调节效应的机制。

### 一、货币政策调整与企业实体投资

#### （一）货币政策调整对企业实体投资的影响分析

实体投资是微观企业经营的核心内容，企业投资决策的成功与否直接决定了企业的经营业绩和价值波动，进而影响整个实体经济的发展态势。影响企业投资决策的因素有很多，如企业的财务状况、投资机会、融资约束情况等企业自身因素，以及经济和金融发展程度、财政政策及货币政策等宏观投资环境影响因素。中国实体投资率持续低迷和实体资本投资活力丧失，除了与企业自身的微观影响因素有关，不少研究还认为是受近几年宏观投资环境的变化和政府宏观调控政策的影响。

货币政策作为支持实体经济的重要工具，具有相机抉择和精细化特点，央行操作尽管更加精准灵活，但操作规模频繁变化和调控目标的权衡都决定了货币政策可能产生不确定性。近年全球经济萎靡，货币政策成为各国刺激经济的发力点，由于政策对经济形势路径依赖程度较高，较高的不确定性会严重影响货币政策有效性。货币政策是中央银行为实现其特定的经济目标而采用的一系列调控政策和措施，而决策机构经常做出的改变和调整会造成市场预期紊乱，从而导致货币政策调整的增加（Dovern 等，2012），货币政策的频繁调整会影响企业经营和投资环境，使企业在预期政策决策的时机、内容和潜在影响方面面临巨大不确定性，有学者指出：货币政策调整影响会造成失业率和产出增长率的波动，不利于经济增长（Herro 和 Murray，2013；Creal 和 Wu，2017），较高的货币政策波动性和不确定性意味着资本风险增加，市场主体会增加预防性储备，而减少支出（Fernandez-Villaverde 等，2014）。Gulen、Ion（2016）的研究则表明，可以用政策不确定性的增加解释为什么在2007—2009 年美国实体资本投资率下降 32%。而国际金融危机之后，随着全球相机决策货币政策调整步伐的加快，货币政策调整频率和波动性有所增强（Antonakakis 等，2019），政策不确定性正驱动全球经济周期性波动（Baker 等，2016；Bloom，2014），其对经济发展可能产生广泛、深远和持续的消极影响（Istrefi 和 Mouabbi，2018）。

对于实体企业，一方面，较高的货币政策调整不仅会使金融市场剧烈动荡，也会恶化实体领域的投资环境，加大企业的投资经营风险，降低企业投资收益预期（Mueller 等，2017），促使企业推迟甚至放弃投资，对于不可逆投资或调整成本高昂的企业来说更是如此（Nguyen 和 Phan，2017）。Bloom（2014）指出，在面临较高的不确定性时，生产效率高的企业相比效率低的企业更不愿意增加新员工和扩大投资，特别是政策不确定性较高时，货币政策刺激投资的效果也会减半（Aastveit等，2017）。此外，较高的货币政策不确定带来的风险不仅导致较高的风险溢价，同时也提高了融资成本（Mueller等，2017），政策调整的经济周期性一定程度上也说明，货币政策调整带来的风险溢价在经济衰弱时更大（Pastor和Veronesi，2013），固定资产投资的延迟期权价值也越高，企业要求的风险补偿也越大，这促使企业延迟投资以等带更好的机会。另一方面，企业资金是否"宽裕"直接决定了投资的成败。而货币政策调整不确定性的上升会干扰银行的信贷规模和配给，直接影响企业融资环境和加大企业融资成本。邝雄等（2019）研究表明，货币政策调整不确定性的提升会抑制银行的信贷供给，商业银行为规避风险，会采取谨慎保守的信贷策略，在降低长期信贷的同时，偏向于发放低风险类信贷，如短期贷款和消费贷款等。且货币政策调整不确定性越高，长期利率也越高（Kato和Hisata，2005），企业融资成本提高，进一步加剧了实体企业的融资约束。Husted等（2017）在评估货币政策调整的传导机制中，利用多种方法识别不确定性的影响后发现，货币政策调整导致信贷利差提高和产出下降的动态模式与紧缩性货币政策影响结果大致相同。张成思等（2018）也证实了经济政策不确定性影响是抑制我国实体投资率下降的重要因素，特别是对民间投资增长的影响效应更为显著（李鹏飞和孙建波，2018）。综上所述，本书认为货币政策调整不确定性的上升会对企业实体投资产生负面抑制影响。

## （二）货币政策调整影响企业实体投资的机制分析

为了确定货币政策调整影响实体企业投资的传导机制，下面从实物期权和融资约束两个方面进行分析。

### 1. 实物期权机制

根据实物期权相关文献对不确定性与资本投资关系所做的研究，如果实体投资项目全部或者部分不可逆，不确定性的影响就会增加企业推迟投资的动机，直到某些不确定性消除（Dixit和Pindyck，1994），在这种情况下，对于不可逆投资占比较大的企业来说，延缓效应会更强。Gulen、Ion（2016）的研究也证明了这一点，他认为政策不确定性对资本支出的抑制作用对于那些不可逆投资占比较大的企业来说更大。即使企业在面临不确定性时推迟投资暂时是有利的，但如果不确定性持续的时间较长，企业最终可能因为不能无限期推迟而被迫终止投资。

实物期权理论是企业在面临不确定性的经济环境下对投资战略决策进行调整和管理运作的价值估计理论，在现实的运用中，它考虑了投资项目的风险性、预期回报率和未来现金流的不确定性以及实体项目投资连续性的特征，更有利于企业管理者做出准确动态的价值判断并做出投资决策。而较高的货币政策调整不仅会降低信贷传导的有效性，也会增加企业投资风险和融资难度，这将迫使企业不得不采取更为谨慎和保守的投资策略（Bloom，2014）。可见，不确定性与投资动机之间的这种负相关关系取决于投资的不可逆程度（Magud，2008）。当企业的投资是完全或部分不可逆时，企业的投资机会类似于看涨期权，如果经济政策不利，企业投资决策失误所需承担的成本更高。因而当经济政策不确定性上升时，企业投资决策会更加谨慎，可能会延缓投资以避免失误。如果企业投资完全可逆，则企业对货币政策调整影响不再敏感，一旦环境和时机不利，企业不需要等待，可及时变现资产进行新的投资（谭小芬和张文婧，2017）。因此，本书认为，货币政策调整会通过实物期权机制发挥作用，不确定性的加剧会通过提高期权价值以等待更多信息被披露，从而导致投资延迟或停止，即企业投资的不可逆程度越高，货币政策调整对企业实体投资的抑制效应越大。

2. 融资约束机制

货币政策调整影响实体投资的另一条传导路径则是融资约束。即较高的不确定性会导致在不完善的金融市场下信息不对称加剧，从而通过影响企业的融资约束而抑制投资活动（Arellano 等，2012；Christiano 等，2014）。在货币政策调整作用下，银行信贷供给下降，企业融资成本上升，融资约束进一步收紧，这可能导致企业将投资获利项目延迟而降低企业获利能力和弱化企业运营能力，即便不确定性问题得到解决，企业被压抑的投资需求仍受困于融资约束，无法扩张投资规模（谭小芬和张文婧，2017）。融资约束机制主要表现在两个方面：一是企业外部融资的风险溢价效应。由于银企之间存在信息不对称问题，货币政策调整不确定性越高，银行贷款风险越大，银行会要求更高的风险溢价，因此倾向于收紧信贷规模和提高贷款利率（Kato and Hisata，2005）。而融资约束较大的企业，贷款人的风险溢价进一步上升，企业融资的难度更大，成本也将更高（徐亚平和汪虹，2020）。作为重要的外部资金来源，银行贷款能否获得及其成本对企业的投资有着决定性的作用（Graham 和 Leary，2011），但货币政策调整不确定性的提高会通过实物期权和信息不对称渠道缩减信贷规模与提高银行信贷利率（何德旭等，2020），这进一步提高了企业融资成本，加大了企业融资难度，使得企业削减投资规模（饶品贵等，2017）。二是企业内部融资的现金流机制。不少学者使用现金流来估计政策不确定性对投资的影响（Gulen 和 Ion，2016），一些学者将其解释为金融约束对投资有显著影响的证据（Erickson 和 Whited，2000）。根据啄序理论，企业融资会首选企业内部自有资金。持有适度的内部资金，对企业避免陷入流动性风险和捕捉优质投资机会有重要作用。因此，当企业面临不确定性上升导致的外部融资约束上升时，倾向于持有更多现金，这既有利于企业把握投资机会，也有利于企业避免不确定性带来的机会成本。因此，本书认为，企业融资约束程度越高，货币政策调整对企业实体投资的抑制效应越大。

## 二、货币政策调整与企业金融化动机识别

金融资产具有作为流动性储备和投资机会的双重属性（彭俞超等，2018），除具备较强的变现性和流动性外，还具备一定的收益功能。金融资产的这种特殊属性对于实体企业来说，可以成为储备资金并作为企业应对实体投资风险上升和解决融资约束的手段之一（杨筝等，2017）。在实体投资外部环境不确定性上升时，企业可以利用金融化对冲交易风险（Stulz，1996）、缓解企业融资约束（胡奕明等，2017），也可以作为投资套利的工具（Fiebiger，2016；Tori 和 Onaran，2018）。因此，现有研究多将实体企业金融化的动机归结为规避风险的"预防性储蓄动机"和追求超额回报的"逐利动机"两个方

面。可见，面临货币政策调整时，企业会基于不同动机而持有金融资产。为更好探讨在货币政策调整影响实体投资关系中企业金融化的调节作用，以及分析不同动机金融化调节效应的差异性，有必要弄清楚企业金融化行为的根本动机，以及企业金融化行为对货币政策调整影响的反应。

## （一）企业金融化动机分析

现有研究把实体企业金融化的动机归结为两大类："逐利"动机和"预防性储蓄"动机。

### 1. 企业金融化的"逐利"动机

蓬勃发展的金融市场，为金融部门与实体部门"融合"搭建了更多的平台，金融工具和金融产品的丰富也为实体企业提供更多投资机会。一方面，有学者认为，金融资产和固定资产投资之间回报率差异的扩大，在经济和统计上都鼓励了企业金融化（Demir，2009a）。王红建等（2017）发现，泛金融行业的超高收益率远超实体经济部门。Trivedi（2014）也认为金融化会带来更高的股息收入，从而驱动企业持有更多的金融资产。同样，一组来自美国上市公司的数据也证明，非金融企业投资金融产品是出于"逐利动机"（Fiebiger，2016）。在我国，张成思和张步昙（2016）分析 2010—2015 年中国非金融上市公司的数据发现，金融投资收益率普遍高于企业营业利润率，而较高的金融回报率可能形成虹吸效应，吸引更多的资本进入金融领域（Xu和 Xuan，2020）。戚聿东和张任之（2018）也认为，我国金融和房地产行业的利润远高于实体投资项目的利润，在"逐利动机"下，实体企业配置大量金融资产，这一行为体现在企业资产负债表中。另一方面，一些大股东为了追求收益最大化，也可能倾向于金融投资（杜勇等，2017），即股东价值最大化视角的金融化"逐利动机"。在美国经济中，股东价值导向经历了从职业经理人几乎不受股东监管向"金融化"或"食利者主导"的转变（Crotty，2005；Mason，2015）。这类企业的特点是管理者优先强调股东利益（Stout，2012），在这样的价值导向下，股东倾向于向管理层施压以确保更高的利润，这迫使管理层将更多资金分配给收入较高的金融资产以增加利润。特别是股东的"短期视野"对快速资本收益的偏好，使管理者更重视资本收益，管理人员也越来越偏好"盈利最大化"。此外，在代理理论下，基于股票期权管理薪酬百分比的增加也促使企业管理人员通过支付高额股息和进行大量股票回购来达到短期内保持高股价的目的（Orhangazi，2008），从而增加金融投资和获利机会。

**2. 企业金融化的"预防性储蓄动机"**

预防性储蓄理论指出，为防止未来经济不确定性对企业投资和运营带来的不利影响，企业有动机持有一定的现金，特别是融资约束程度越大的企业，现金持有水平越高（Almeida 等，2004）。此外，随着金融市场的发展，获取外部资源也成为企业提高业绩和经营能力的重要途径。一方面，由于信息不对称和代理成本的存在，企业不可避免地面临融资约束问题。另一方面，经济发展过程中多伴随着宏观经济环境的不确定性和波动性，从而进一步加剧企业的融资约束问题。相比企业长期不可逆的固定资产投资，金融资产特别是交易性金融资产具有短期可逆且调整成本较低等优势，因此，金融资产在缓解企业融资约束、避免财务困境以及防止未来投资短缺等方面普遍存在"预防性储蓄动机"（Dumenil 和 Levy，2004；Crotty，2005）。金融资产也成为企业在经营过程中获取短期流动资金的有效手段。胡奕明等（2017）认为，企业持有金融资产的目的是预防和储备，特别是成长性企业更倾向于为未来投资进行储备。也有学者指出，金融资产有助于缓解企业融资约束的压力（Denis 和 Sibilkov，2010；胡奕明等，2017），企业保持一定的流动资产，不仅可以拓宽融资渠道（Theurillat 等，2010），还可以降低破产的风险（Kling，2018）。此外，根据预防性储蓄理论，较高的经济政策不确定性会增强企业的"预防性储蓄动机"，使企业加大对金融资产的投资（彭俞超等，2018；Demir，2009c）。可见风险和不确定性的增加，加上资本市场的不完善以及更高的资本成本，会引导实体部门将储蓄投向金融资产。

**（二）企业金融化动机识别的理论模型**

由上述分析可知，"逐利动机"和"预防性储蓄动机"都会导致企业金融化程度加深，但在不同动机下，企业金融化对宏观经济不确定性的反应可能有所不同，进而使企业金融化在货币政策调整影响实体投资中的调节效应存在差异。因此有必要识别哪些企业受利润驱动而配置金融资产，哪些企业因"预防性储蓄动机"而金融化。为了解决这一问题，Demir（2009a）、张成思和郑宁（2020）等分析了实体企业金融化动机。

随着金融市场发展和经济金融化的深入，实体企业有了更多投资机会和投资选择，因此金融化在微观经济领域的渗透，本质上就刻画了企业进行实体投资和金融投资的组合优化问题。Demir（2009a）的研究发现，金融投资收益对微观企业的吸引力正在提升，特别是当外部不确定和企业固定资产投资风险升高的情况下，企业通过金融投资渠道获利成为最佳选择。

投资组合理论为在经济金融化背景下考察企业的固定资产投资行为和金融化行为奠定了基础。本书借鉴 Demir（2009a）与张成思和郑宁（2020）构建的二期优化投资组合模型探讨企业实体投资的影响因素，以此为基础探讨微观企业金融化动机。

Demir（2009a）使用 Le、Zak（2006）的模型版本，采用 Tornell（1990）的分析框架，将投资组合模型应用于实体企业的固定资产投资和金融投资组合研究。该模型的投资主体为企业，企业通过实体投资和金融投资项目获取收益。

令 $I_t^k$ 为 $t$ 时刻的固定投资资产，收益率为 $r_t^k$。固定资产投资是有风险的（即由于未来盈利能力的不确定性以及不可逆性问题和调整成本），且服从正态分布，即 $r_t^k \sim N(\mu, \sigma^2)$。但 Demir（2009a）假设企业投资金融资产为无风险不变收益率，在这个假定下，企业投资的期望效用最大化即可以描述为：

$$\underset{W_t}{Max}E\sum_{t=0}^{\infty}\beta^t U(W_t) \tag{2-1}$$

其中，$U$ 是关于 $W_t$ 严格递增的连续凹函数，$W_t$ 表示企业在 $t$ 期的财富值，$\beta$ 为折现因子。

对于这个假定，张成思和郑宁（2019）认为实体企业的金融投资不仅是国债等无风险资产，还包括了股票、基金等风险金融资产，Demir（2009a）

的假定偏离现实，所以他们进行了修正，即假定金融投资为风险投资，其收益率同样服从正态分布。

则企业的风险厌恶效用函数表示为：

$$U(W_t) = -e^{-\gamma W_t} \tag{2-2}$$

企业投资效用最大化的约束条件为：

$$W_t = (1 + r_t^k)I_t^k + (1 + r_t^f)I_t^f \tag{2-3}$$

其中，$I_t^k$、$I_t^f$ 分别表示固定资产和金融资产；$r_t^k$、$r_t^f$ 分别表示固定资产与金融资产收益率。

在 $t=0$ 时企业的初始财富是 $W_0 = I_t^k + I_t^f$

则 $W_t = (1 + r_t^k)I_t^k + (1 + r_t^f)(W_0 - I_t^k)$

即 $W_t = W_0(1 + r_t^f) + I_t^k(r_t^k - r_t^f) \tag{2-4}$

那么，通过式（2-1）、式（2-4），根据标准求解方法，可以得出企业的固定资产的最优配置表达式，即：

$$I_t^{k*} = \frac{E(r_t^k - r_t^f)}{\gamma Var(r_t^k)} \tag{2-5}$$

其中，$Var(r_t^k)$ 是固定投资回报率的方差，即固定资产投资的风险，$r_t^k - r_t^f$ 为固定资产和金融资产之间的收益率差距。

其中 $\gamma \equiv -\{E[U''(W_t)]/E[U'(W_t)]\}$，为假定为常数的风险厌恶，企业投资环境的不确定性越高，风险厌恶系数越大。

此外，$K_t^a$ 为企业投资总资本，包括固定资本和金融资本，即：

$$K_t^a = I_t^k + I_t^f \tag{2-6}$$

则通过式（2-5）和式（2-6）可以得出金融投资占比的表达式为：

$$\frac{I_t^f}{K_t^a} = 1 - \frac{1}{K_t^a} \frac{E(r_t^k - r_t^f)}{\gamma Var(r_t^k)} \tag{2-7}$$

两边取对数后可以得到金融资产投资的基本表达式为：

$$Ln\left(\frac{I_t^f}{K_t^a}\right) = -Ln[E(r_t^k - r^f)] + Ln[Var(r_t^k)] + Ln(K_t^a) \tag{2-8}$$

式（2-8）左边为金融资产投资占比，右边的各项分别表明，影响企业金融资产投资的因素主要有固定资产投资与金融资产投资回报率的差值以及固定资产投资的不确定性，即企业的风险厌恶程度越大，企业固定投资不确定性越大，风险厌恶系数越高，对企业固定投资的抑制效应也越大。本书即在此理论模型的基础上，从固定资产与金融资产的收益和风险差距两个维度来识别实体企业金融化的动机究竟是基于"预防性储蓄动机"还是基于"逐利动机"。

### (三) 货币政策调整下的企业金融化动机

金融资产具有双重属性，它既是一种流动性储藏工具，也是一种投资机会（彭俞超等，2018），由上文分析可知，当宏观经济波动性和不确定性上升时会影响企业的金融化水平。一方面，货币政策调整会提高企业金融化水平。对于较高的不确定性，企业会出于"预防性储蓄动机"而增加金融资产投资，以储备足够的流动性应对不确定性的负面影响（Duchin 等，2017）。Demir（2009c）同样发现宏观不确定性和金融资产收益率的上升会促使企业持有金融资产，更大的不确定性会推动企业对流动资产的更高要求，在更加动荡的环境中，企业管理者的行为受不确定性和不完善信息的影响，也会改变对长期不可逆固定资产投资的预期，而金融资产也可为实体投资项目提供灵活性，以帮助企业应对未来利润或成本的不确定性（Bates 等，2009）。而在货币政策调整和存在信贷约束的情况下又能够获得流动性资产高回报的机会，进一步推动企业金融化水平提高（Davis，2017）。可见，货币政策调整在调节企业对流动资产需求方面发挥着重要作用。另一方面，货币政策调整不确定性的上升也可能抑制企业金融化水平。货币政策调整增加，由于外部融资约束的加强而导致企业可用资金减少，进而减少对金融资产的投资（Baum 等，2009），此外，货币政策调整不确定性的上升会加剧金融市场风险，金融资产价格波动较大，厌恶风险或"逐利动机"的管理者此时可能倾向于减少金融投资，而金融资产风险上升，流动性下降也会导致出于"预防性储蓄"动机的企业金融化意愿降低（彭俞超等，2018）。可见，货币政策调整是企业金融化动机的宏观影响因素，不确定性究竟是会推动企业金融化水平的上升，还是会抑制企业金融化水平，这一问题也与企业的金融化动机有关。

从金融化动机来讲，如果企业出于"预防性储蓄动机"，那么货币政策调整不确定性的上升会提高企业金融化水平，以应对不确定性上升可能导致的融资约束增强和融资成本上升以及企业流动性风险和破产风险等（Bloom 等，2010；王红建等，2014）。也就是金融资产流动性和金融资产获利的增加一定程度上缓解了企业的融资约束和分散了企业经营投资风险。如果企业是基于"逐利动机"持有金融资产，那么货币政策不确定性上升导致的银行信贷收紧，企业在资金量不够充裕的情况下会减少金融资产。此外，不确定性上升导致的金融市场波动，金融资产投资风险上升，风险厌恶的管理者也会减少金融领域的投资，对于融资约束较大的企业，不确定性上升导致的金融投资意愿下降更多。由此可见，不同的金融化动机下，货币政策调整对企业金融化水平的影响也不同。

## 三、货币政策调整、企业金融化与实体投资

在分析和判断企业金融化的动机究竟是出于"预防性储蓄"还是"资本逐利"的基础上，需要进一步分析，在货币政策调整影响实体投资关系中企业金融化的整体调节作用如何？"预防性储蓄动机"金融化会减弱货币政策调整对实体投资的影响吗？而"逐利动机"的金融化会进一步加剧货币政策调整的影响效应吗？企业金融化发挥调节效应的途径又有哪些呢？

### （一）货币政策调整、企业金融化与实体投资

由前文可知，货币政策调整对企业实体投资可能存在负面抑制效应，且货币政策调整不确定性的上升会通过提高投资等待期权价值和不可逆资产投资风险或者收紧企业融资约束而抑制实体企业投资。一方面，从实物期权价值来看。货币政策调整上升，企业难以形成稳定准确的预期，固定资产投资的调整成本和实物期权等待期权价值上升（Dixit 和 Pindyck，1994），同时企业也面临着实体投资风险提高的问题，不仅会降低企业的投资信心，还会迫使企业延缓投资以等待有利时机。实际上，实物期权的价值与固定资产的变

现能力密切相关（Hennessy 等，2007；Gavazza，2011），交易成本可以说是资产可逆性产生的根源（刘贯春等，2019），外部投资环境的不确定性越高，固定资产交易成本越高，企业越倾向推迟投资。而资产不可逆性刻画的就是固定资产投资的变现难度（Bloom，2009），变现难度越大，投资的机会成本越高，这会促使企业更加关注资金的配置效率（Achuryu 等，2007）。在企业延迟投资的机会缝隙，金融资产的流动性和收益性为企业提供了另类的投资选择，特别是融资约束较高的企业，通过金融投资获取收益，不仅有助于缓解融资约束，也在一定程度上弥补了企业等待期间的机会成本。此外，不确定性提高时，金融资产的风险对冲功能，也能够缓解企业固定资产投资风险。另一方面，从融资约束机制来看，目前银行贷款仍是企业融资的主要途径，货币政策的频繁调整会通过真实期权和风险溢价使银行缩紧信贷规模与提高信贷利率，进一步加剧信贷资源错配（何德旭等，2020）。而货币政策调整的影响效应也会通过资金成本和资本边际收益率等渠道抑制实体投资（陈国进和王少谦，2016）。不确定性上升，企业信贷规模收紧，长期利率上升（Alessandri 和 Bottero，2017；Husted 等，2017），进一步加大了实体企业融资难度和融资成本，促使延迟或减少企业投资活动。在这种情况下，金融资产，特别是短期金融资产在应对现金流风险、缓解外部融资约束等方面作用显著，金融化可能成为企业的储备资金以应对融资约束的重要手段（杨筝等，2017），金融资产不仅持有成本和交易成本相对较低[①]，且金融获利可以与信贷资金形成互补，缓解企业融资约束问题，在帮助企业应对外部影响，把握投资机会方面发挥作用，避免企业陷入流动性紧缺和财务困境而延迟或放弃投资。基于以上分析，本书认为，企业金融化程度的提高，不仅代表着企业投资渠道的拓宽，也是企业外部融资能力增强的体现，能够对冲固定资产投资风险和缓解融资约束，因此企业金融化能够缓解或降低货币政策调整对实体投资的影响效应。

---

① 刘贯春等（2019）认为交易市场的搜寻成本是资产可逆性产生的根源所在，与固定资产相比，金融资产的交易市场更为活跃，变现能力更强，交易搜寻成本更低。

## （二）货币政策调整、"预防性储蓄动机"金融化与实体投资

当前，实体经济不仅面临着利润低廉、成本高昂的问题，还普遍陷入融资约束困境，特别是民营中小企业融资难、融资贵问题未从根本上得到解决。面临利润低廉、成本高昂的困境融资约束，特别是在经济下行压力下，一些银行断贷、抽贷几乎成为压垮实体经济特别是传统制造业的"最后一根稻草"，资金瓶颈卡住了企业命脉。而金融市场的发展，给实体企业提供了新的投资工具和选择机会。研究表明，在制造业普遍下滑的情况下，金融资产的爆发式增长为实体企业提供了缓冲（Xu 和 Xuan，2020），在货币政策调整可能带来的预期偏差、融资约束以及延缓投资的情况下，金融资产成为企业获取和流动短期资金的有效手段（王红建等，2014），也是管理层在短期内处置可供出售金融资产的方式平滑利润的盈余管理的一种选择（叶建芳等，2009）。为应对未来可能的资金短缺、融资成本上升以及投资的不确定性，部分企业出于"预防性储蓄"动机持有金融资产（Crotty，2005；胡奕明等，2017）。特别是成长型公司更倾向于为未来的投资持有现金。因此，出于预防性储蓄动机的金融化意味着预防未来的不确定性，尤其是融资渠道狭窄的中小民营企业，可以更好地从金融渠道获得内生现金流融资约束，进而保障或者促进实体投资。Yang 等（2017）和 Liu 等（2018）通过研究民营企业金融化发现，交易性金融资产的确减少了民营企业的融资约束，显著增强了民营企业研发投资的可持续性。另一种情况是，基于长期发展战略，在企业需要资金的时候。企业将金融资产投资收益用于主营业务的发展，缓解融资约束，提升企业核心业务绩效，进一步发挥金融化的"储备"效应，为企业营造良好的财务环境。这些效应也有助于削弱货币政策调整的上升对企业投资带来的负面影响。Kling（2018）也验证了金融资产的"储备"功能，他认为当企业持有一定的流动资产时，会缓解企业经营风险以及破产风险。此外，随着金融化的深入，企业越来越关注金融衍生工具在企业管理中的应用。对于一些产品供应和国际贸易企业，金融衍生工具主要目的就是规避利率和汇率等指标波动的风险，一些大公司，除运用金融化对冲经营风险外，还会利用金

融收益解决短期性的财务问题。

由此可见，如果企业出于"预防性储蓄动机"而持金融资产，实现分散风险和流动性储备的功能，企业金融化能够弱化货币政策调整导致的风险上升和资金短缺等对实体投资的不利影响。因此，本书认为基于"预防性储蓄动机"的企业金融化能够缓解和降低货币政策调整对实体投资的负面影响。

## （三）货币政策调整、"逐利动机"金融化与实体投资

伴随经济下行压力加大，实体经济发展缓慢，实体企业普遍存在成本上升、利润下滑的问题，金融化成为实体企业打破困境调整获利目标的另一"出路"。短期金融投资回报、整体不确定性和风险以及盈利能力的挤压，使企业逐渐走向金融化（Crotty，2005；Demir，2009a）。投资金融产品、充当中小企业借贷平台进行资本套利，已经成为很多非金融公司的战略选择（王红建，2016），越来越多的实体企业持有金融资产，且金融利润在企业总利润中的份额持续增长（Krippner，2012）。在代理理论和股东价值最大化观点下，管理者衡量投资的标准是这项资产能不能增加企业的预期收益，特别是大企业持有更多的金融衍生产品，其目的是使利润最大化（宋军和陆旸，2015）。因此，如果企业是基于"逐利动机"持有金融资产，一方面，货币政策不确定的上升会导致银行信贷供给减少，贷款利率更高（何德旭等，2020），使企业融资渠道进一步收缩，融资成本不断提高。当企业可用资金有限时，金融投资支出的增加就可能"挤出"固定资产投资（Orhangazi，2008）。此外，在外部环境不确定性增加的情况下，逐利金融化的企业会更注重短期股东利益（Stout，2012），管理人员将资金用于长期不可逆固定资本的意愿下降，从而使不确定性对实体投资的抑制作用更大（Stockhammer，2004；Davis，2017）。另一方面，货币政策调整不确定性的上升将导致金融市场的波动性，较高的不确定性则意味着较大风险溢价，在代理理论和股东价值最大化观点下，激进的经理人可能倾向于投资金融资产以增加利润（江春和李巍，2013），但是，当发生财务损失时，可以归咎于外部环境的不确定性，而不是管理层的不负责任。外部投资环境的不确定性意味着与投资于不可逆的长期固定资本

项目相比，企业可能会根据各自的回报率、整体不确定性和风险、信贷瓶颈以及盈利能力的挤压，而选择投资于可逆的短期金融投资（Davis，2017），但同时也进一步"挤出"了实体投资。

因此，本书认为基于"逐利"动机的企业金融化会进一步加剧货币政策调整对实体投资的负面影响效应。

### （四）企业金融化发挥调节效应的渠道分析

根据前文分析，货币政策调整主要通过实物期权和融资约束机制影响实体企业投资。本书亦从这两个方面来考察企业金融化在货币政策调整影响实体投资中的调节效应。在上述分析中可以发现，货币政策调整不仅会影响企业的外部融资环境，也会使企业内部现金流变得更加敏感，促使企业持有足够的现金以应对外部融资环境的恶化。同样，企业通过金融渠道获利，不仅可以缓解外部融资环境收紧所带来的投资束缚，也可以一定程度上提升企业内部现金持有水平。因此为了更好地了解企业金融化的调节效应发挥作用的渠道，本书在考察实物期权的同时，将融资约束细分为企业外部融资和内部融资，即从实物期权、外部融资和内部融资三个渠道进行考察。

#### 1. 实物期权渠道——资产不可逆

实物期权理论认为，在不确定性环境下不可逆投资决策中，延迟投资是有价值的。对于企业实体投资，宏观不确定性上升会提高期权价值，使企业面临投资决策失误成本增加而延缓投资。因此，投资环境波动性越大，企业面临的不确定性越高，企业预防性延迟投资或放弃投资的意愿越强（Nguyuen和Phan，2017）。当不确定性上升时，资产交易成本越高，企业越有可能延迟固定资产投资。同时，外部不确定性的增加也意味着当金融资产能够提供更高的回报率时，公司可通过金融投资获利以弥补因外部影响所导致的延迟投资的损失，因此，当资产不可逆程度越高时，企业投资风险越大，而企业若出于"预防性储蓄动机"持有金融资产，则金融获利一定程度上能够缓解企业的融资约束，对冲部分不可逆资产投资风险以及降低企业投资的等待价值。因此，本书认为，企业金融化会通过实物期权渠道影响货币政策调整对企业投资的抑制效应。

## 2. 外部融资渠道——信贷可得性

在我国当前的金融结构下，企业融资仍较依赖于信贷资金（Ayyagari 等，2010）。从外部融资约束看，一方面，宏观经济不确定性会扭曲商业银行可贷资金的配给（Baum 等，2009），其调整频度会影响银行信贷决策，提高银行审慎放贷标准，减少信贷供给。另一方面，Husted 等（2020）认为货币政策调整影响的动态模式与紧缩性货币政策影响大致相同，不确定性越大，信贷利差越大（Kato 和 Hisata，2005），这会增加企业融资成本。可见，对企业来说，货币政策调整不确定性上升带来的信贷供给的减少和融资成本的增加都会降低企业信贷可得性，从而导致企业缩减或放弃投资（Arellano 等，2019）。而金融资产具有流动性和灵活性的优点，可以及时解决企业面临的这些短期融资问题（杨筝等，2017）。例如，公司购买的股票和债券等金融工具因其高流动性而可以作为抵押品，或通过金融投资收益弥补外部融资缺口，减轻企业，特别是中小企业对外部融资的依赖等，从而保证生产性投资的顺利进行。可见金融产品能够缓解外部信贷收紧导致的资金短缺对企业经营的不利影响，从而促进实体投资。因此，本书认为企业金融化会通过外部融资渠道，影响货币政策调整对实体投资的抑制效应。

## 3. 内部融资渠道——内部现金持有水平

当企业面临外部融资约束限制的时候，企业的投资支出则随着企业内部资金的可用性而发生变化（Fazzari 等，1988），在融资受到限制时，企业需要考虑当前的现金流水平，进而考虑未来的投资机会，也就是说企业对现金的考量是基于其对于未来的经营状况和投资要求的预测。根据优序融资理论，企业投资首先考虑的是内部现金流。而货币政策调整上升，企业外部融资约束收紧，则进一步提高了投资对现金流的敏感性（Han 和 Qiu，2007），为了防范未来不确定性可能导致的损失，企业可能延迟或放弃当前的投资机会（刘贯春等，2019）。而在外部信贷供给的减少和融资成本上升的情况下，对于融资受限的企业来说，是否持有更多的现金是影响其顺利投资和把握优质投资机会的重要因素（Denis 和 Sibilkov，2010）。而持有流动性较强的金融资产，在企业遭遇财务困难可及时出售变现，金融投资获利也是企业资金的重要来源，代表着企业融资渠道的拓宽和融资能力的提高。可见企业持有一定的流动性金融资产，保持充沛的内生性现金流可以缓解企业外部融资约束，平滑生产性投资的财务需求。因此，本书认为企业金融化会通过影响内部现金流，影响货币政策调整对实体投资的抑制效应。

# 第三章 货币政策调整与企业实体投资

实物期权理论和融资约束理论认为经济政策不确定性会通过预期以及影响企业融资环境而对实体投资决策产生影响。本书以 2011—2020 年沪深 A 股非金融上市公司为研究对象，首先探讨了货币政策调整对企业实体投资整体影响效应，分析其对不同类型企业影响效应的异质性特征。其次从实物期权和融资约束两个角度探讨了货币政策调整影响企业实体投资的作用机制。此外，为考察货币政策调整的外部风险影响效应，本章还考察了货币政策不确定影响与企业实际经营风险水平之间的关系。

## 第一节 实证研究设计

### 一、样本选择和数据来源

本书以 2011—2020 年沪深两市 A 股非金融上市公司的年度数据为样本，数据主要来源于万得（Wind）数据库和国泰安（CSMAR）数据库。根据研究需要，对数据进行了如下处理：第一，剔除了泛金融行业（FIRE）①，包括传统金融行业（银行与证券）、保险业与房地产业的上市公司；第二，剔除了样本期内财务数据缺失的企业；第三，剔除已退市、特别处理（ST）类和特别

---

① 泛金融业包括传统金融行业（即银行与证券）、保险业与房地产业。

转让（PT）类企业；第四，剔除极端异常值，且选择因变量至少具有连续三年观测值的样本，为消除离群值和异常值的影响，对数据在1%和99%分位进行了缩尾处理。

## 二、变量定义

### （一）被解释变量

被解释变量：企业实体投资率（Invest）。参考靳庆鲁等（2012）、张成思和张步昙（2016）的研究，将该指标定义为企业投资于固定资产、无形资产和其他长期资产的现金之和除以总资产，即固定资产投资率（靳庆鲁等，2012）。

### （二）核心解释变量

核心解释变量：货币政策调整指数（MPU）、企业获利能力和潜在投资机会（Roe）、企业固定资产投资风险（Var）。

根据实物期权理论，借鉴金融经济观点，企业投资效应最大化是投资主体在考虑了投资风险后，投资人持有这项资产所要求的回报率。一个固定资产投资项目，资产不可逆程度越高，投资风险越大，投资者所要求的回报率也越高。因此实物期权理论下企业的最优投资决策问题主要包括：第一，投资是不可逆的；第二，投资存在不确定性；第三，推迟投资不会额外增加投资成本或丧失投资机会（Dixit和Pindyck，1994）。因此，本书在研究货币政策不确定对企业投资影响的指标设定上，亦从以上三个角度考虑货币政策调整对企业投资的影响效应。一方面，关于外部不确定性本书主要考察货币政策调整；另一方面，公司当前的获利能力可以反映其未来的投资机会（Hao等，2011；靳庆鲁，2012），即当企业具有较好投资机会时，企业会扩张投资规模，反之会收缩投资规模。因此，本书也将企业获利能力和潜在投资机会纳入核心解释变量。此外，考虑固定资产投资不可逆程度越高，固定资产投资风险越大，本书将固定资产投资风险纳入核心解释变量。

关于各变量指标的计算：货币政策调整使用货币政策调整指数。此外，参考靳庆鲁等（2012）使用净利润/净资产反映企业获利能力和潜在投资机会。参考彭俞超（2018）使用企业固定资产投资收益率三年滚动标准差表示固定资产投资风险。

## （三）机制变量

机制变量：根据实物期权理论和融资约束理论，本书选取资产不可逆程度（IR）作为实物期权机制的代理指标。参考喻坤（2014）和柳明花（2020）的研究，用固定资产/期初总资产表示。融资约束（FC）指标借鉴宋敏等（2021）、熊凌云等（2020）、Hadlock 和 Piere（2010）等文献，计算观测年度企业的 SA 指数，计算公式为：$-0.737 \times Size + 0.043 \times Size^2 - 0.04 \times Age$，其中 Size 和 Age 分别为企业规模和企业年龄，并对该指数进行水平位移后取值，作为融资约束的衡量指标，该值越大，表明企业融资约束程度越高。

## （四）控制变量

微观指标：资产负债率（Debt），用企业总负债与总资产之比表示；现金流（Cash），用企业经营性现金净流量与营业收入之比表示；公司规模（Size），用剔除价格因素的总资产表示；企业年龄（Age），从企业成立时间计算到样本期；企业成长能力（Gabi），用企业主营业务收入增长率表示；治理因素（Mag），若公司董事长与总经理为同一人，则取 1，否则取 0；Tobin Q，用市值与总资产的比值表示。宏观指标：经济发展水平（GDP），用剔除价格因素后的 GDP 增速表示；利率（Rate），用中长期贷款利率表示。

# 三、模型设计

## （一）主回归模型设计

为检验货币政策调整对实体企业投资的影响以及在不同类别企业中的差异化效应，在构建传统面板模型基础上逐步扩展相应条件完善模型以获得更为详细的微观证据，首先建立一般的面板模型：

$$Invest_{it} = \alpha MPU_t + \beta Roe_{it} + \gamma Var_{it} + \Phi CVs_{it} + \mu_i + \varepsilon_{it} \qquad (3-1)$$

$$i = 1, 2, \cdots, N; \ t = 1, 2, \cdots, T$$

其中，$Invest_{it}$ 表示企业固定资产投资率，$Roe$ 为企业获利能力和潜在投资机会，$Var_{it}$ 为企业固定资产投资风险，$CVs_{it}$ 为影响企业投资的其他外生控制变量控制变量。$\mu_i$ 为企业个体效应，$\varepsilon_{it}$ 为模型随机误差项，$i$ 表示单个企业，$t$ 表示时间，系数 $\alpha$、$\beta$、$\gamma$ 则反映了货币政衡策不确定性、企业投资机会和企业固定资产投资风险对企业投资的边际影响效应。$\Phi$ 表示控制变量的系数向量。

式（3-1）与大部分微观分析模型基本一致，但还存在明显不足：

第一，固定资产投资具有长期性和不可逆性，企业投资计划在不同时期存在重叠，因此，在模型中加入企业投资的一阶自回归项 $Invest_{i, \ t-1}$，即滞后一期的投资，以反映企业投资的惯性路径，同时也反映各影响因素相互调整对投资的动态效应。

第二，假定货币政策调整对不同性质和行业企业的实体投资影响边际效应相同，与现实相悖。制造业和非制造业在主营业务、生产周期及经营属性等方面都有所不同，同样，不同规模和不同控股属性企业的资金流动性及面临的融资约束也不同，这些差异都会影响货币政策调整影响效应。因此，引入行业和企业控股性质与货币政策调整的交互项，来反映货币政策调整对不同类别企业实体投资的边际影响差异。

第三，考虑货币政策调整的滞后效应，企业实体投资会考虑投资项目风险和投资机会的潜在收益对投资决策的影响，在模型中用上述指标的滞后项目，来反映其对企业投资的动态滞后效应。

第四，考虑现实经验中，业绩和规模不同企业面临的流动性约束和抵御风险能力都有所差别，货币政策调整对不同类别企业实体投资的影响效应也可能会有所差别。

综合以上分析，将企业业绩和规模、企业性质和行业等特征变量引入模型，以反映货币不确定性对不同类型企业实体投资影响效应的差异性。

$$Invest_{it} = \rho Invest_{i, \ t-1} + \sum_{h=0}^{h} \alpha_h C_{rdj, \ it} MPU_{i, \ t-h} + \sum_{l=0}^{l} \beta_l Roe_{i, \ t-l}$$

$$+ \sum\nolimits_{p=0}^{p} \gamma_p Var_{i,\ t-p} + \varPhi CVs_{it} + \mu_i + \varepsilon_{it} \tag{3-2}$$

$$Invest_{it} = \rho Invest_{i,\ t-1} + \sum\nolimits_{h=0}^{h} \alpha_h C_{sdj,\ it} MPU_{i,\ t-h} + \sum\nolimits_{l=0}^{l} \beta_l Roe_{i,\ t-l}$$

$$+ \sum\nolimits_{p=0}^{p} \gamma_p Var_{i,\ t-p} + \varPhi CVs_{it} + \mu_i + \varepsilon_{it} \tag{3-3}$$

$$C_{dj} = (C_d{}',\ C_j{}')' = (C_{d1},\ C_{d2},\ C_1,\ C_2)'$$

$$i = 1,\ 2,\ \cdots,\ N;\ t = 1,\ 2,\ \cdots,\ T$$

其中，$C_d = (C_{d1},\ C_{d2})$，表示国有和非国有企业性质分类；

$C_j = (C_1,\ C_2)$，表示制造业和非制造业的行业分类；

$C_{rdj}$ 表示按经营业绩对企业分类；

$C_{r1}$、$C_{r2}$、$C_{r3}$ 分别表示经营业绩较差、经营业绩一般和经营业绩较好；

$C_{sdj}$ 表示按规模对企业分类；

$C_{s1}$、$C_{s2}$、$C_{s3}$ 分别表示规模较小、规模中等、规模较大。

其中企业经营状态和规模大小设定如下：（1）根据企业绩效大小对企业经营业绩进行分类（宋军和陆旸，2015；杨继生和黎娇龙，2018），分类方法为：先将所有样本企业按行业归类，然后在行业类别下按照企业绩效由小到大排序，按照分位点区分为 25% 以下、25%~75%、75% 以上三个层次，分别表示经营业绩较差（$H_{r1} = 1$，$H_{r2} = 0$，$H_{r3} = 0$）、经营业绩一般（$H_{r1} = 0$，$H_{r2} = 1$，$H_{r3} = 0$）和经营业绩较好（$H_{r1} = 0$，$H_{r2} = 0$，$H_{r3} = 1$）。该设定既体现行业异质性，又可以表现出货币政策调整的影响效应可能随企业经营业绩的变动而发生改变；（2）根据企业总资产规模对企业进行分类[①]。分类方法为：先将所有样本企业按行业归类，然后在行业类别下按企业总资产规模由小到大排序，分为 25% 以下、25%~75%、75% 以上三类，分别表示企业规模较小（$H_{s1} = 1$，$H_{s2} = 0$，$H_{s3} = 0$）、规模中等（$H_{s1} = 0$，$H_{s2} = 1$，$H_{s3} = 0$）和规模较大（$H_{s1} = 0$，$H_{s2} = 0$，$H_{s3} = 1$）。该设定既体现行业差异，又可以体现货币政策调整对企业投资的影响效应随企业规模的变动而发生改变。

---

[①] 本书选取的样本为上市公司的年度数据与《统计上大中小微型企业划分办法（2017）》中对企业规模的划分有所不同，如本书中提到的规模较小企业指的是上市公司中总资产规模相对较小的企业，而非该办法中所指的小微型企业。

具体来说，货币政策调整、企业投资机会和固定资产投资风险对企业实体投资影响的累积效应分别为[1]：$\sum_h \alpha_h/(1-\rho)$、$\sum_l \beta_l/(1-\rho)$、$\sum_p \gamma_p/(1-\rho)$。由于货币政策政策的实施一般存在滞后效应，企业经营效益和经营风险对企业实体投资的影响有一定的惯性，因此由滞后项和自回归项共同反映累积效应，在一定程度上可以避免长短期效应不一致问题（黎娇龙，2018）。此外，为解决模型内生性问题和保证实证结果的稳健性，本章采用FIV因子工具变量估计法。

## （二）模型内生性的处理

为解决动态面板模型的内生性问题，本书选取因子工具变量，即FIV估计量。理由如下：模型中纳入被解释变量的滞后项会导致动态面板偏误，而且企业获利能力和投资机会以及固定资产投资风险等变量也存在一定的内生性问题，使用广义矩估计方法可能存在偏差并且可能不一致。而内源性变量是由少量不可观察到的外源性公因子驱动的。因此参考Bai、Ng（2010）的方法，将估计的公共因子作为工具变量解决模型内生性的问题，即因子工具变量估计量（FIV）。假定某一指标，对于该指标企业中每一个体都受到某种不可观测因素（公共因子）的影响，则通过主成分分析法得到共同因子及其系数载荷，若提取的公共因子与模型的残差不相关，则可使用公共因子作为该指标的估计变量进行估计，从而得到模型的一致估计量。此外，即使工具数量超过样本量，FIV估计量也被证明是一致且渐近正态的。而且，即使可观测变量是无效工具变量，而未可观测的公共成分是有效工具，FIV估计量也会保持一致。

因子工具变量的提取原理和方法如下所示：

内生变量$Y$为回归变量$X$的$K$阶向量函数[2]：

$$y_t = x'_{1t}\alpha_1 + x'_{2t}\alpha_2 + \varepsilon_{it}$$
$$= x'_t\alpha + \varepsilon_t$$

---

① 因累积效应的分母都是相同的，为了比较更为直观，本文后面的实证结果报告的解释变量对企业投资的边际影响效应均是分子部分。

② 回归函数的表达方式和因子工具变量的提取过程可参见夏凯（2017）和Bai、Ng（2010）。

其中，$\alpha = (\alpha_1', \ \alpha_2')$，$x_t = (x_{1t}', \ x_{2t}')'$。

以 $x_{2t}$ 为例，若 $E(x_{2t}\varepsilon_{it}) \neq 0$ 则说明 $x_{2t}$ 在模型中存在内生性，假设 $x_{2t}$ 的每一个体都受到共同因素 $F_t$ 的影响，关系式如下：$x_{2t} = \Lambda_i'F_t + e_{it}$。对该式运用主成分分析的迭代算法估计得到 $\hat{\lambda}$、$\hat{F}_t$，令 $\gamma_{it} = \hat{\lambda}_{it}\hat{F}_t$，若 $E(\gamma_{it}\varepsilon_{it}) = 0$，则 $\gamma_{it}$ 为提取的 $x_{2t}$ 的因子工具变量，即 FIV 估计量。

### (三) 影响机制检验模型

为检验企业资产不可逆程度（IR）机制，设定回归模型如下：

$$Invest_{it} = \rho + \alpha MPU_t + \beta MPU \times IR_{it} + \delta IR_{it} + \Phi CVs_{it} + \mu_i + \varepsilon_{it} \quad (3-4)$$

其中，$IR_{it}$ 表示企业资产不可逆程度，$IR_{it}$ 值越大，说明企业资产不可逆程度越高。$\beta$ 为货币政策调整和企业不可逆程度交叉估计系数。

当交叉系数 $\beta < 0$ 且统计意义显著时，说明企业资产不可逆程度越高，货币政策调整对实体投资行为负面抑制效应越大。

为检验企业融资约束程度机制，设定回归模型如下：

$$Invest_{it} = \rho + \alpha MPU_t + \beta MPU \times FC_{it} + \delta FC_{it} + \Phi CVs_{it} + \mu_i + \varepsilon_{it} \quad (3-5)$$

其中，$FC_{it}$ 表示企业融资约束程度，$FC_{it}$ 值越大，表明企业融资约束程度越高，$\beta$ 为货币政策调整和融资约束交叉估计系数，当交叉系数 $\beta < 0$ 且统计意义显著时，说明企业融资约束程度越高，货币政策调整对实体投资行为负面抑制效应越大。

# 第二节　货币政策调整对企业实体投资的影响

## 一、样本数据统计特征

### (一) 各变量的基本统计特征

表 3-1 为各变量的基本性统计特征。观察货币政策调整指数、GDP 增速和利率变量：中国货币政策调整指数（MPU）的最小值为 0.868，最大值为

2.369，说明在样本期间，中国货币政策不确定性波动较大，而在2011—2020年中国 GDP 增速平均达到 7.2%，维持在相对较高水平，这源于前期经济的高速增长，而近几年增速不仅放缓，受新冠疫情影响，2020 年的样本最小值仅有 2.3%。观察企业变量，企业实体投资率的均值为 2.5%，企业个体也存在较大差距，最大值达 11.1%，最小值为 0，说明投资乏力情况仍较为严重。而固定资产投资占比最大值为 87%，最小值只有 1%，说明企业间资产不可逆程度存在较大差别。从企业融资约束程度（FC）看，最大值达 9.099，最小值仅为 1.127，可见不同类型企业融资环境也存在明显差距。这在一定程度上为研究货币政策性对实体投资的影响效应提供了依据。

表 3-1　基本统计特征

| 变量 | 观测个数 | 均值 | 标准差 | 中位数 | 最小值 | 最大值 |
|---|---|---|---|---|---|---|
| Invest | 11132 | 0.025 | 0.023 | 0.018 | 0.000 | 0.111 |
| Roe | 11132 | 0.067 | 0.104 | 0.068 | -0.467 | 0.327 |
| Var | 11132 | 0.053 | 0.090 | 0.026 | -0.001 | 0.636 |
| IR | 11132 | 0.261 | 0.190 | 0.219 | 0.010 | 0.870 |
| FC | 11132 | 4.125 | 1.545 | 4.012 | 1.127 | 9.099 |
| Debt | 11132 | 0.462 | 0.197 | 0.472 | 0.052 | 0.868 |
| Cash | 11132 | 0.095 | 0.142 | 0.077 | -0.322 | 0.585 |
| Size | 11132 | 22.580 | 1.324 | 22.390 | 20.090 | 26.430 |
| Age | 11132 | 17.640 | 5.940 | 18.000 | 3.000 | 31.000 |
| Gabi | 11132 | 0.120 | 0.266 | 0.090 | -0.500 | 1.264 |
| Mag | 11132 | 0.188 | 0.390 | 0.000 | 0.000 | 1.000 |
| Tobin Q | 11132 | 2.263 | 1.834 | 1.695 | 0.823 | 13.140 |
| MPU | 10 | 1.464 | 0.515 | 1.547 | 0.868 | 2.369 |
| GDP | 10 | 0.072 | 0.020 | 0.070 | 0.023 | 0.106 |
| Rate | 10 | 5.542 | 0.807 | 5.313 | 4.750 | 6.706 |

## （二）各变量的分类统计特征

为分析货币政策调整对不同类型企业投资的抑制效应。表 3-2 考察了核心变量在子样本下的统计特征。

首先，从企业性质看，非国有企业的实体投资率和公司的投资机会的均值皆高于国有企业，反映了非国有企业的投资率较高，且当具有较好的投资机会时，民营企业更倾向于扩大投资规模，虽然其资产不可逆程度相对低一些，但其融资约束程度远大于国有企业。

其次，从行业看，制造业的实体投资率和投资机会高于非制造业，但其投资风险也相对较高，企业的资产不可逆程度也高于非制造业，但其整体融资约束程度低于非制造业。

再次，从企业经营业绩看，随着企业经营业绩的改善，实体投资率呈现上升趋势，企业的获利能力和投资机会也在增加。观察发现，经营业绩较差企业的资产不可逆程度最高，承担的投资风险也最大，相对于经营业绩好的企业，其融资约束程度则较高。

最后，从企业规模看，随着企业规模的扩大，企业投资率不断上升，企业获利能力和投资机会也在不断增加，投资风险水平不断降低，但大型企业资产不可逆水平较高，其规模与资产不可逆程度成正比，同时其在融资方面也具有一定的优势。中小型企业中各变量从数据上来看，没有表现出较大的差异。

总的来说，不同类型的企业在实体投资率、企业投资机会和投资风险以及资产不可逆程度与融资约束程度方面都存在较大差别，这也进一步说明了，本书对企业进行分层来研究货币政策调整的影响效应是合理且必要的。

表3-2　核心变量分类统计特征

| | | Invest | | Roe | | Var | | IR | | FC | |
|---|---|---|---|---|---|---|---|---|---|---|---|
| | | 均值 | 标准差 | 均值 | 标准差 | 均值 | 标准差 | 均值 | 标准差 | 均值 | 标准差 |
| 经营业绩 | 较差 | 0.023 | 0.022 | 0.031 | 0.133 | 0.091 | 0.140 | 0.271 | 0.190 | 5.010 | 2.103 |
| | 一般 | 0.025 | 0.023 | 0.069 | 0.080 | 0.043 | 0.065 | 0.266 | 0.193 | 4.831 | 1.536 |
| | 较好 | 0.026 | 0.022 | 0.130 | 0.079 | 0.041 | 0.059 | 0.239 | 0.178 | 3.025 | 1.112 |
| 规模 | 较小 | 0.022 | 0.022 | 0.046 | 0.108 | 0.060 | 0.104 | 0.246 | 0.176 | 4.730 | 1.253 |
| | 一般 | 0.025 | 0.022 | 0.067 | 0.102 | 0.052 | 0.087 | 0.258 | 0.186 | 4.803 | 1.421 |
| | 较大 | 0.027 | 0.024 | 0.090 | 0.101 | 0.049 | 0.079 | 0.283 | 0.207 | 3.233 | 0.994 |

| | | Invest | | Roe | | Var | | IR | | FC | |
|---|---|---|---|---|---|---|---|---|---|---|---|
| | | 均值 | 标准差 | 均值 | 标准差 | 均值 | 标准差 | 均值 | 标准差 | 均值 | 标准差 |
| 企业性质 | 国有企业 | 0.024 | 0.022 | 0.065 | 0.102 | 0.054 | 0.081 | 0.280 | 0.203 | 3.238 | 1.203 |
| | 非国有企业 | 0.026 | 0.023 | 0.070 | 0.107 | 0.052 | 0.097 | 0.234 | 0.165 | 5.061 | 2.172 |
| 行业 | 制造业 | 0.027 | 0.022 | 0.068 | 0.105 | 0.054 | 0.088 | 0.267 | 0.165 | 4.425 | 1.101 |
| | 非制造业 | 0.022 | 0.023 | 0.066 | 0.103 | 0.052 | 0.091 | 0.231 | 0.221 | 5.032 | 1.713 |

## 二、主回归结果分析

表3-3列示了总体回归结果：货币政策调整指数 MPU 的回归系数在1%的统计水平上显著为负，考虑滞后一期的累计效应，货币政策不确定性的影响效应进一步加大①。说明，货币政策调整抑制了企业实体投资，货币政策不确定性的提升会带来实体投资率的下降。从企业投资机会和投资风险来看，企业的获利能力和投资机会越大，对企业投资的推动作用越大②，而企业投资风险越大，对实体投资的阻碍越大③。货币政策调整指数的上升，说明企业外部投资环境的波动性较大，会进一步增加企业的投资风险，减低投资收益预期，从而增加对企业实体投资的抑制效应。

企业的现金流、资产负债率等指标，皆为正数且统计意义显著，说明内部资金是企业实体投资重要来源，而外部信贷也显著影响着企业实体投资，贷款成本越高，企业实体投资水平越低。

### 表3-3　主回归结果

| 变量（解释变量） | 系数估计值（$t$值） | 变量（控制变量） | 系数估计值（$t$值） |
|---|---|---|---|
| Invest（-1） | 0.0624 *** <br> (73.62) | Cash | 0.0715 *** <br> (5.47) |

---

① 货币政策调整指数（MPU）对企业投资的累计影响效应为 -0.0512，即（-0.0439）+（-0.0073）。

② 企业获利能力和投资机会（Roe）对企业投资的累计影响效应为 0.1409（0.0903+0.0506）。

③ 企业投资风险（Var）对企业投资的累计影响效应为 -0.0396（-0.0826+0.0430）。

| 变量（解释变量） | 系数估计值（$t$值） | 变量（控制变量） | 系数估计值（$t$值） |
|---|---|---|---|
| MPU | −0.0439 *** <br> (−5.06) | Debt | 0.0249 ** <br> (2.24) |
| MPU（−1） | −0.0073 *** <br> (−5.72) | Size | 0.1287 <br> (0.75) |
| Roe | 0.0903 *** <br> (4.84) | Mag | 0.0733 * <br> (1.71) |
| Roe（−1） | 0.0506 ** <br> (2.47) | Gabi | 0.0212 *** <br> (3.11) |
| Var | −0.0826 *** <br> (−2.76) | Age | −0.0873 <br> (−1.61) |
| Var（−1） | 0.0430 <br> (1.51) | Tobin Q | 0.0163 <br> (1.48) |
| | | GDP | 0.0371 *** <br> (25.25) |
| | | Rate | −0.0152 *** <br> (−5.64) |
| | | _Cons | −0.1048 <br> (−1.27) |

注：括号内为 $t$ 值，*、**、*** 分别表示在10%、5%、1%的显著性水平下显著。

## 三、货币政策调整对企业实体投资影响的异质性分析

由前文可知，货币政策调整对不同类型企业的实体投资的边际影响效应存在异质性，结果如表3-4和表3-5所示。

表3-4　不同经营业绩下货币政策调整对实体投资的影响

| 经营状态 | 行业分类 | 业绩较差 | 业绩一般 | 业绩较好 |
|---|---|---|---|---|
| 国有企业 | 制造业 | −0.0483 * <br> (−1.769) | −0.0519 ** <br> (−2.245) | −0.0380 <br> (−0.989) |
| | 非制造业 | 0.0260 <br> (0.565) | −0.0568 * <br> (−1.83) | −0.0251 <br> (−0.681) |

| 经营状态 | 行业分类 | 业绩较差 | 业绩一般 | 业绩较好 |
|---|---|---|---|---|
| 非国有企业 | 制造业 | −0.0966 *** <br> (−3.367) | −0.0627 ** <br> (−2.237) | −0.0528 ** <br> (−2.00) |
| | 非制造业 | −0.0274 ** <br> (−2.635) | −0.0583 *** <br> (−2.73) | −0.0259 <br> (−1.559) |

注：括号内为 $t$ 值，*、**、*** 分别表示在 10%、5%、1% 的显著性水平下显著。

总的来看，货币政策调整对所有企业实体投资都表现出抑制效应（经营业绩较差的国有非制造业虽为正值，但不显著）。

从企业经营业绩看，经营业绩由差及好，货币政策调整的系数也由大及小，说明货币政策调整对经营业绩较差和一般的企业投资影响较大，而经营业绩一般的企业受货币政策调整影响最为广泛且显著。

从企业性质看，对比货币政策调整指数大小，发现货币政策调整对非国有企业投资的影响力远大于国有企业，特别对经营业绩一般和较差的非国有企业，而对于国有企业，经营业绩一般的企业货币政策的影响效应更显著。可见，货币政策调整对非国有企业投资的影响更为广泛和深入。

从行业看，对比制造业和非制造业的系数，可以发现货币政策调整对制造业企业投资的影响更大，范围也更广，而且这种影响主要集中在非国有制造业企业。对于非制造业，经营业绩一般的企业影响更为显著。

表 3-5　不同规模条件下货币政策调整对实体投资的影响

| 规模大小 | 行业分类 | 规模较小 | 规模中等 | 规模较大 |
|---|---|---|---|---|
| 国有企业 | 制造业 | −0.0667 * <br> (−1.768) | −0.0492 * <br> (−1.719) | 0.0402 <br> (0.955) |
| | 非制造业 | −0.0548 <br> (−0.986) | −0.0474 <br> (−1.073) | −0.0083 <br> (−0.154) |
| 非国有企业 | 制造业 | −0.0897 ** <br> (−2.292) | −0.0616 *** <br> (−2.586) | −0.0459 ** <br> (−2.13) |
| | 非制造业 | −0.0817 ** <br> (−2.155) | −0.0534 * <br> (−1.712) | −0.0101 <br> (−0.101) |

注：括号内为 $t$ 值，*、**、*** 分别表示在 10%、5%、1% 的显著性水平下显著。

总的来看，货币政策调整对所有企业实体投资都表现出抑制效应（规模较大的国有制造业虽为正值，但不显著）。

从规模看，企业规模由小及大，货币政策调整的系数也由大及小，说明货币政策调整对中小型企业实体投资影响最大，特别是对中小型非国有企业，而中等规模企业受货币政策调整影响较为广泛。

从企业性质看，对比货币政策调整系数大小，发现货币政策调整对非国有企业实体投资的影响效应显著大于非国有企业，特别是对中小型非国有企业和大型非国有制造业。而对于国有企业，货币政策调整的影响效应在中小型制造业中更为显著，而对于其他企业，回归系数虽然为负，但并不显著。

从行业看，对比制造业和非制造业的系数，可以发现货币政策调整对制造业企业实体投资的影响更大，范围也更广，特别是对所有的非国有制造业都变现出显著负面影响。而对于各类国有非制造业和大型非国有企业的非制造业，货币政策调整的影响效应不显著。

## 四、货币政策调整对企业实体投资的影响机制分析

表3-6结果列示了实物期权和融资约束理论的机制效应。

### （一）实物期权机制

第（1）列和第（3）列结果显示了实物期权机制的作用：第（1）列为当期货币政策调整指数回归结果，第（3）列为货币政策调整指数滞后一期的回归结果。货币政策调整指数仍为负值，说明其对实体企业投资存在负面影响。资本不可逆程度的回归系数也为负数，说明资本可逆程度越高，企业投资意愿越低，两者的交互项（IR×MPU）回归结果也为负数，且在1%的统计水平上显著。说明企业资产不可逆程度越高，货币政策调整对企业实体投资行为负面抑制效应越大。

### （二）融资约束机制

第（2）列和第（4）列结果显示了融资约束机制的作用：第（2）列为

当期货币政策调整回归结果，第（4）列为滞后一期的回归结果。货币政策调整指数显著为负，表明货币政策调整对企业实体投资存在抑制作用。货币政策调整指数与融资约束交互项（FC×MPU）系数在1%的水平下显著为负，说明企业间的融资约束差异也会使企业获得的信贷资源分配和资金供给成本存在显著差异。尤其是在货币政策调整指数升高和外部信贷渠道收紧的环境下，融资约束程度高的企业会减少更多的当前投资，即企业融资约束程度越高，货币政策调整对企业实体投资行为的负面抑制效应越大。

表 3-6 机制效应分析

| 变量 | Invest | | | |
|---|---|---|---|---|
| | （1） | （2） | （3） | （4） |
| MPU | −0.0462 *** | −0.0494 *** | −0.0273 *** | −0.0278 *** |
| | （−3.49） | （−7.48） | （−7.15） | （−7.46） |
| IR * MPU | −0.0568 ** | | −0.0349 | |
| | （−2.43） | | （−0.01） | |
| IR | −0.0309 *** | | 0.0940 | |
| | （−8.76） | | （1.48） | |
| FC * MPU | | −0.0409 ** | | −0.0197 * |
| | | （−2.10） | | （−1.68） |
| FC | | 0.0302 *** | | 0.0752 *** |
| | | （6.44） | | （5.06） |
| Debt | −0.0166 ** | −0.0195 * | −0.0717 *** | −0.0217 |
| | （−2.07） | （−1.74） | （−3.70） | （−0.18） |
| Cash | 0.0270 *** | 0.0765 *** | 0.0204 *** | 0.0477 *** |
| | （4.26） | （4.47） | （4.13） | （3.44） |
| Size | 0.0454 *** | 0.0479 *** | 0.0469 *** | 0.0488 *** |
| | （4.45） | （4.57） | （4.49） | （4.47） |
| Age | −0.0143 *** | −0.0132 *** | −0.0120 *** | −0.0117 *** |
| | （−4.63） | （−4.24） | （−3.86） | （−3.70） |
| Gabi | 0.0744 | 0.1124 | 0.0459 | 0.0921 |
| | （0.87） | （1.33） | （0.51） | （1.03） |

续表

| 变量 | Invest | | | |
|---|---|---|---|---|
| | (1) | (2) | (3) | (4) |
| Roa | 0.2921 *** | 0.2592 *** | 0.2742 *** | 0.2612 *** |
| | (5.23) | (4.76) | (4.77) | (4.61) |
| Mag | 0.0012 | 0.0012 | 0.0012 | 0.0013 |
| | (1.42) | (1.37) | (1.47) | (1.49) |
| Tobin Q | 0.0495 * | 0.0515 * | 0.0306 | 0.0366 |
| | (1.71) | (1.79) | (1.03) | (1.22) |
| GDP | 0.0393 *** | 0.0390 *** | 0.0392 *** | 0.0392 *** |
| | (18.82) | (18.55) | (18.76) | (18.63) |
| Rate | −0.0464 *** | −0.0477 *** | −0.0264 *** | −0.0262 *** |
| | (−9.13) | (−9.48) | (−6.27) | (−6.21) |
| _Cons | −0.1942 *** | −0.2106 *** | 0.0684 ** | 0.0637 ** |
| | (−5.54) | (−5.96) | (2.22) | (2.01) |
| Industry | Yes | Yes | Yes | Yes |
| Year | Yes | Yes | Yes | Yes |
| N | 10120 | 10120 | 9108 | 9108 |
| $R^2$_a | 0.1380 | 0.1327 | 0.1277 | 0.1256 |

注: 括号内为 $t$ 值, *、**、*** 分别表示在 10%、5%、1% 的显著性水平下显著。

# 第三节 稳健性检验

## 一、因子工具变量法

工具变量的有效性检验。对于企业来说，潜在的投资机会和获利能力以及固定资产投资风险的大小等都会影响宏观不确定性对企业实体投资的影响效应，企业也会根据自身的规模和经营状况等做出反应，调整投资策略。鉴于被解释变量的滞后项、投资机会和获利能力以及固定资产投资风险等指标可能存在内生性，本书选用因子工具变量估计方法来解决模型内生性问题，以保证研究结果的稳健性。检验结果如表 3-7 所示。

表 3-7　稳健性检验一：工具变量的有效性检验

| 与变量自身相关性 | FIV［Invest（t-1）］<br>0.9511 | FIV（MPU）<br>0.9473 | FIV（Roe）<br>0.9142 | FIV（Var）<br>0.9693 |
|---|---|---|---|---|
| $E(FIV\varepsilon_{it})$ | 0.0000 | −0.0000 | 0.0000 | −0.0000 |
| $E(e_{it}\varepsilon_{it})$ | −0.1579 | −0.1082 | 0.2110 | −0.0056 |

注：$E(FIV\varepsilon_{it})$ 的结果报告的是因子工具变量与模型残差的相关性；$E(e_{it}\varepsilon_{it})$ 的结果报告是该变量内生性情况，该值越接近于 0，其内生性越小。

结果显示，FIV 估计量与变量自身的相关度均在 90% 以上。且 $E(FIV\varepsilon_{it})=0$，也就是通过主成分分析法提取的公共因子与模型残差不相关，说明本书的因子工具变量是有效的。此外，从 $E(e_{it}\varepsilon_{it})$ 的结果看，除 Var 接近于 0 外，其他均不等于 0[①]，其中 Var 结果为 −0.0056，说明其内生性较弱，但公共因子解释了原始变量将近 97%，因此是否使用 FIV 估计都不影响估计结果的可靠性。

## 二、替换变量与变量滞后

为进一步验证本章结论的稳健性，进一步采用替换被解释变量、替换解释变量以及将所有解释变量滞后一期进行稳健性检验。

第一，考虑到货币政策调整对企业新增投资支出的影响，本书参考 Biddle 等（2009）、张敏等（2010）的研究，使用新增投资支出，即企业购买固定资产、无形资产及其他长期资产与处置固定资产、无形资产及其他长期资产的差值基于总资产进行标准化后反映企业投资，对模型进行二次估计，估计结果如表 3-8 第（1）列所示。

第二，考虑到文本数据测度方法的精度取决于媒介范围、关键词的选择，缺乏对相关指标的波动的直观度量，为更全面考察货币政策调整对实体投资的影响，本文参考 Jurado 等（2015）和王博等（2019）的测算方法的构建框架，重新计算中国货币政策调整指数，作为替代变量进行稳健性检验，以进一步确定研究结果的稳健性，估计结果如表 3-8 第（2）列所示。

第三，考虑到我国货币政策调控以微观主体整体表现为依据，与企业实

---

① $E(e_{it}\varepsilon_{it})$ 的结果若为 0，说明该变量不存在内生性。

体投资率可能存在双向因果关系，本节将所有解释变量均滞后一期，以进一步检验结论的稳健性。估计结果如表3-8第（3）列所示。观察第（3）列的回归结果，发现货币政策调整指数均显著为负，说明货币政策调整对企业实体投资存在负面抑制效应。此外，企业获利能力和投资机会的系数显著为正，对实体投资有积极推动作用，而固定资产投资风险系数显著为负，说明固定资产投资风险越大，企业的实体投资就越谨慎。

表3-8　稳健性检验二：变量替换和变量滞后

| 解释变量 | （1） | （2） | （3） |
|---|---|---|---|
| Invest（-1） | 0. 037 *** | 0. 039 *** | 0. 062 *** |
| | (24. 641) | (23. 752) | (73. 62) |
| MPU | -0. 071 *** | -0. 062 *** | -0. 0439 *** |
| | (-6. 987) | (-12. 124) | (-5. 06) |
| MPU（-1） | 0. 002 ** | 0. 004 *** | -0. 007 *** |
| | (2. 258) | (2. 869) | (5. 72) |
| Roe | 0. 090 *** | 0. 018 *** | 0. 091 *** |
| | (-2. 845) | (-5. 519) | (4. 84) |
| Roe（-1） | 0. 027 *** | 0. 020 *** | 0. 050 ** |
| | (9. 182) | (6. 943) | (2. 47) |
| Var | 0. 0167 *** | 0. 025 *** | -0. 082 *** |
| | (3. 881) | (5. 863) | (-2. 76) |
| Var（-1） | -0. 111 *** | -0. 142 *** | 0. 004 |
| | (-2. 706) | (-3. 5) | (1. 51) |
| Debt | -0. 065 ** | -0. 072 *** | 0. 024 ** |
| | (-2. 469) | (-2. 862) | (2. 24) |
| Cash | 0. 073 *** | 0. 060 *** | 0. 071 *** |
| | (3. 532) | (2. 901) | (5. 47) |
| Size | 0. 338 *** | 0. 32 *** | 0. 128 |
| | (4. 95) | (5. 166) | (0. 75) |
| Mag | 0. 011 | 0. 009 | 0. 073 * |
| | (1. 36) | (1. 073) | (1. 71) |

续表

| 解释变量 | (1) | (2) | (3) |
|---|---|---|---|
| Gabi | 0.036 *** | 0.042 *** | 0.021 *** |
| | (3.776) | (4.43) | (3.11) |
| Age | 0.003 | −0.014 | −0.087 |
| | (0.117) | (−0.996) | (−1.61) |
| Tobin Q | 0.001 | 0.003 | 0.016 |
| | (0.419) | (1.434) | (1.48) |
| GDP | 0.0327 *** | 0.0418 *** | 0.037 *** |
| | (16.326) | (14.843) | (25.25) |
| Rate | −0.043 *** | −0.037 *** | −0.151 *** |
| | (−8.739) | (−5.575) | (−5.64) |
| _Cons | 0.229 *** | 0.244 *** | −0.104 |
| | (10.7481) | (12.0269) | (−1.27) |
| Industry | Yes | Yes | Yes |
| Year | Yes | Yes | Yes |
| N | 10120 | 10120 | 10120 |
| $R^2$_a | 0.2359 | 0.1778 | 0.1972 |

注：括号内为 $t$ 值，*、**、*** 分别表示在10%、5%、1%的显著性水平下显著。

# 第四节　进一步研究

为进一步考察货币政策调整对微观企业实体投资抑制效应的差异性，本节将与企业实际经营风险水平进行对比分析。

## 一、货币政策调整与企业经营风险水平

### （一）货币政策调整与企业经营风险水平

货币政策调整不确定性是公众无法准确把握和预期央行货币政策以及政策活动的后果，货币政策调整得越频繁，公众对不确定性的"担忧"程度越

高。根据前文计算的中国货币政策调整指数[①]，2011 年该指数较高，因实施了稳健性货币政策，之后三年有所下滑，2015 年 "股灾" 期间货币政策调整指数又上升到一个较高水平，2016 年和 2017 年则呈现出下滑且趋于相对稳定的态势，2020 年新冠疫情影响下，多重货币政策的出台使得这一指数又有轻微上浮。货币政策调整反映了实体企业投资的外部金融环境，宏观投资环境的波动性和不确定性上升，会直接影响企业实体投资预期以及企业面临和承担的风险程度。

对于企业经营风险的衡量，并没有统一的标准，本书借鉴王竹泉等（2017）的研究，用企业盈利波动程度度量实体企业投资的实际风险水平，计算方法如下：

$$\delta_{i,t} = \sqrt{\frac{1}{T-1}\sum_{t-1}^{T}\left(E_{i,t} - \frac{1}{T}\sum_{t=1}^{T}E_{i,t}\right)^2}\ |\ T = 4$$

$$E_{i,t} = \frac{EBIT_{i,t}}{A_{i,t-1}} \tag{3-6}$$

其中，$\delta_{i,t}$ 表示第 $i$ 家企业第 $t$ 年的经营风险，$E_{i,t}$ 表示企业的盈利能力，用企业总资产收益率衡量，$EBIT_{i,t}$ 表示息税折旧摊销前利润，$A_{i,t-1}$ 表示总资产。

式（3-6）用息税折旧摊销前四年利润率的滚动值的标准差来计算经营风险。由于不同类型的企业对经济形势和政策风险变动的把握，以及对宏观经济波动做出反应的速度都不同，为更清晰货币政策调整对企业影响的差异性，本章不仅计算了所有企业的整体经营风险平均水平，且依据企业分层，对不同类别企业均度量了实际经营风险水平。

观察图 3-1 可以发现，总体来说，货币政策调整不确定性与实体企业整体经营风险水平呈现波动中下降趋势。两者走势和波动性几乎保持了一致，2013 年为转折年，在货币政策调整不确定性和企业风险都大幅下降保持了短暂的平稳后，在 2015 年又上升到较高的水平，2016 年后两者皆呈下降趋势。两者的契合一定程度上说明，货币政策调整是影响企业投资风险的重

---

① 为更好与企业风险经营水平走势进行对比，此处将货币政策调整指数按当季度三个月算术平均值除以 100。

要因素，当货币政策调整不确定性上升，企业的经营风险增加，特别是面临长期的不可逆固定资产投资，风险水平的上升会进一步抑制企业实体投资意愿。

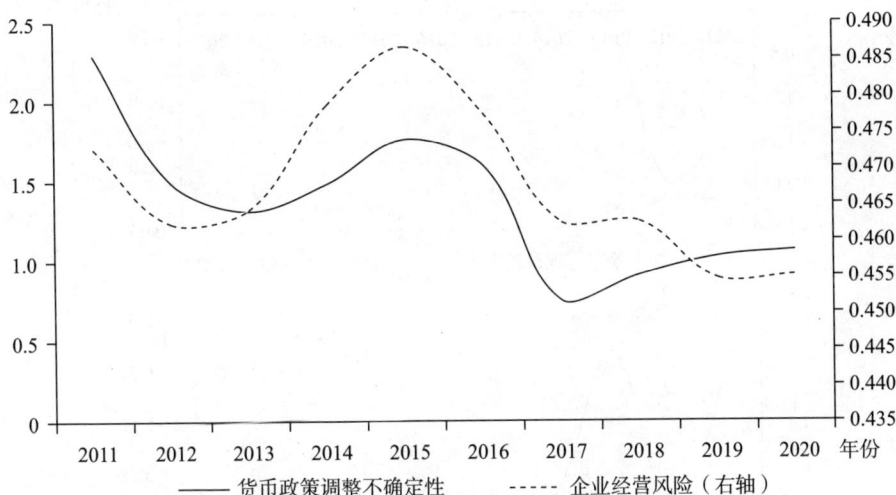

**图 3-1　货币政策调整与企业经营风险**

数据来源：原始数据来自 CSMAR 数据库，根据计算绘制。

## 二、货币政策调整与不同类别企业的经营风险水平

### （一）规模分类：货币政策调整与实体企业整体风险水平走势

观察图 3-2 可以发现，对规模较小企业：货币政策调整对实体投资的抑制效应在 2020 年前呈下降趋势，2020 年中小企业受新冠疫情影响最为广泛和严重，政府相继出台多项金融政策为企业纾困。货币政策的频繁出台使得货币政策不确定性大幅上升，但政策扶持和指向性明确，并未带来企业风险水平的大幅上升；对规模较大企业：与小企业的走势不同，货币政策调整表现出对大企业较强的制约性，且呈上升趋势，但大型企业的风险水平并未受其影响，呈下行趋势，原因可能在于大型企业运用其"借贷优势"，进行金融投资和向小企业贷款，这不仅缓解了外部风险影响，也增加了企业获利能力。

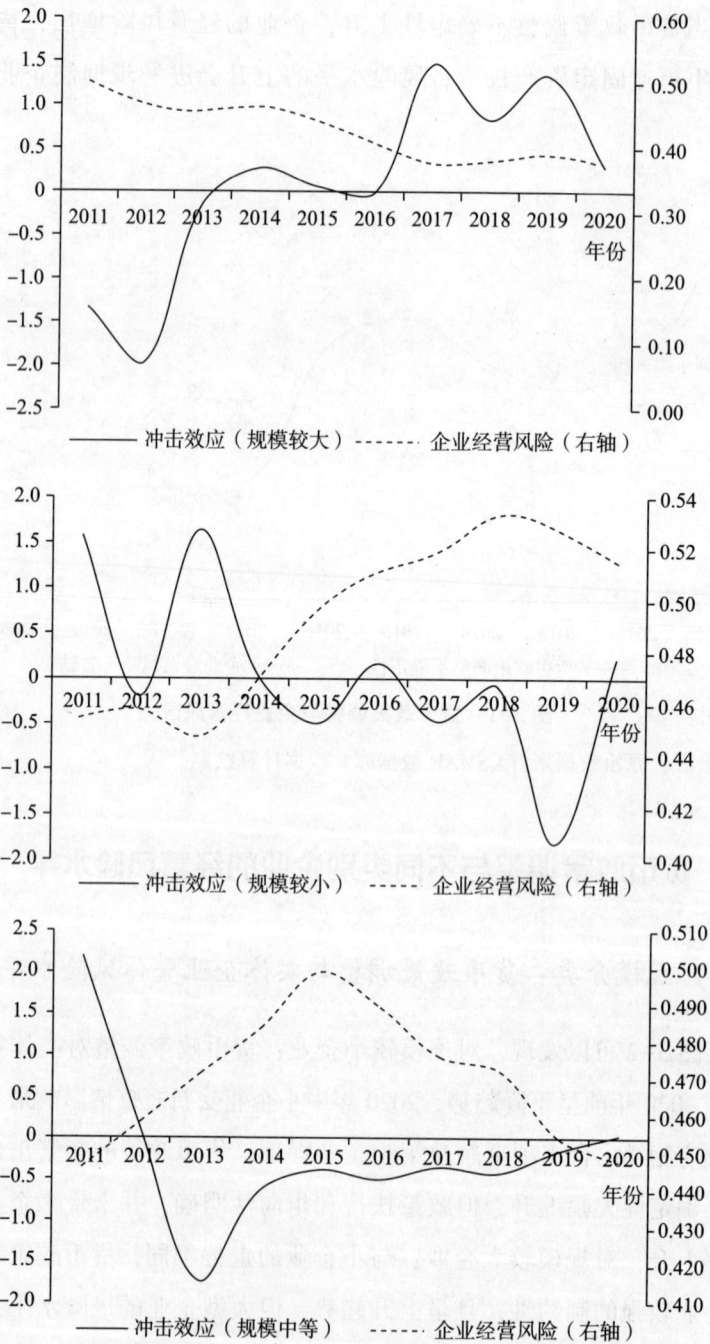

图 3-2  不同规模：货币政策调整与企业经营风险

数据来源：原始数据来自 CSMAR 数据库，根据计算绘制。

对规模中等企业：相对而言，中型企业的宏观投资环境在 2013 年后保持了相对稳定，随着外部货币政策环境的稳定，规模中等企业的经营风险水平在 2014 年后保持了下降趋势。虽然经济政策不确定性对小企业抑制作用下降，但较大的波动性仍使小企业的经营风险不断上升。民营企业作为经济发展的主力军，国家对其的扶持已经成为一项重要经济政策。因此，中小企业的宏观投资环境，特别是经济政策环境相对明朗，抑制作用不断下降，但货币政策调整波动性仍然很大，中小企业风险抵御能力有限，这在一定程度上使企业风险水平上升。这也进一步证明了，货币政策调整是抑制企业实体投资的重要因素，且货币政策调整对大型企业的影响力度更大。

## （二）经营业绩分类：货币政策调整与实体企业整体风险水平走势

观察图 3-3 可以发现，对经营业绩较差的企业：货币政策调整影响与经营状态较差的企业走势和波动趋势基本一致，2014 年前上升幅度较大，2014 年后虽保持了上升的趋势，但大幅降低，波动性也趋于平稳，可见货币政策调整，使企业经营水平上升，从而进一步抑制了企业实体投资；对于经营业绩较好的企业：货币政策调整的抑制作用在样本期内都保持了上升态势，但是，风险水平持续缓慢下降，同样，经营业绩好的企业，现金流相对充足，外部融资约束也较为宽松，货币政策调整并未导致企业投资风险水平的上升。对经营业绩一般的企业：货币政策调整的抑制效应先大幅下降，2013 年后保持了相对平稳，但 2019 年后又出现转折，随着货币政策调整影响效应下降，企业经营风险水平除 2015 年出现了短暂上升外，保持了向下的趋势。

总的来说，货币政策调整对经营业绩较差和业绩较好的企业实体投资影响效应最大，但业绩差的企业内外部资金环境紧张，风险抵御能力有限，从而风险水平受货币政策调整的影响最大。

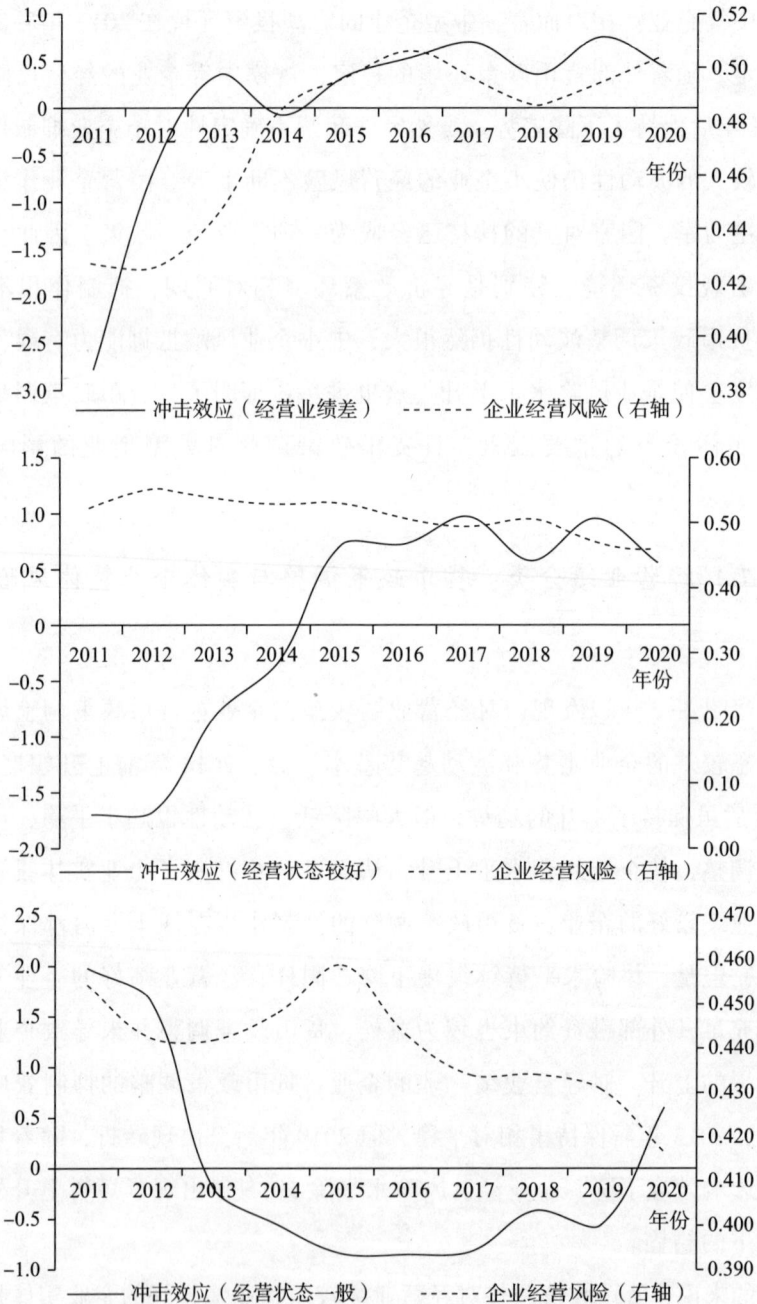

图3-3 不同经营业绩：货币政策调整与企业经营风险

数据来源：原始数据来自 CSMAR 数据库，根据计算绘制。

## （三）行业分类：货币政策调整与实体企业整体风险水平走势

观察图 3-4 可以发现，对于制造业，货币政策调整的实体投资影响效应在 2013 年后小幅波动中呈现平稳趋势，尽管如此，其短期波动仍与企业的经营风险水平保持了大概一致的走势，特别是在货币政策不确定的稳定走势下，企业的风险水平出现稍大幅度的下降。反观非制造业，货币政策调整的抑制效应呈现先降后升的特征，相应的，其风险水平先升后降，货币政策不确定性的上升并未显著影响其风险水平。

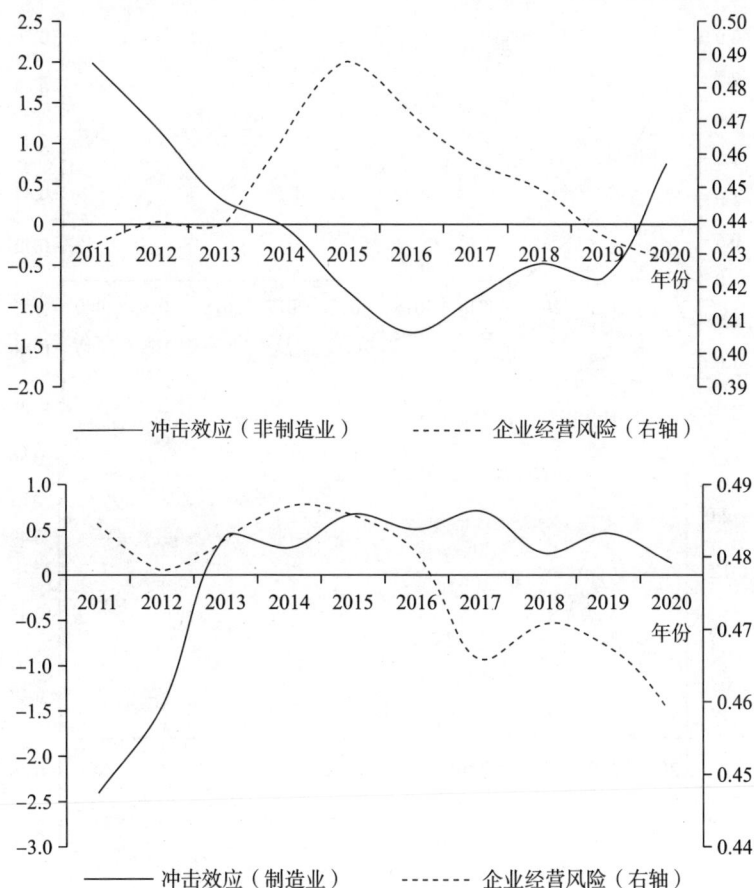

图 3-4　不同行业：货币政策调整与企业经营风险

数据来源：原始数据来自 CSMAR 数据库，根据计算绘制。

## （四）企业性质分类：货币政策调整与实体企业整体风险水平走势

观察图 3-5 可以发现，对于国有企业：货币政策调整不确定性呈下降趋势，2017 年后出现小幅上升，2020 年可能受新冠疫情影响，上升幅度较大。而企业风险水平在 2014—2016 年波动上升后有稍大幅度的下降。可见，货币政策调整不确定性的上升并未给国有企业带来较大的风险。对于非国有企业：2012 年之后，货币政策调整与风险水平的波动和走势基本一致，非国有企业的风险水平随着货币政策调整不确定性的上升而上升，由此可见，货币政策调整增加了企业经营的风险水平，进一步影响了企业实体投资。

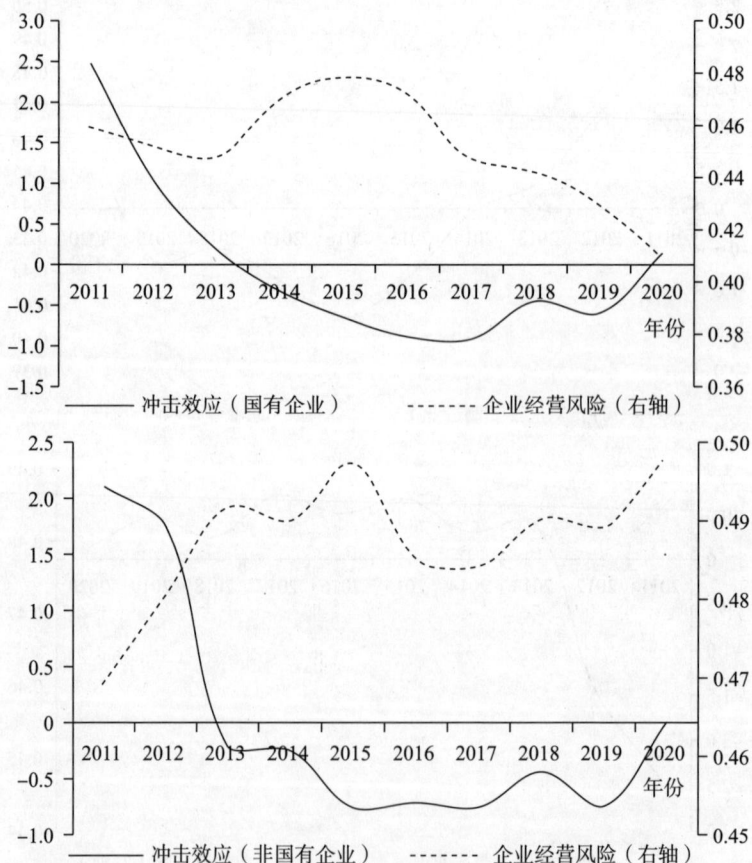

图 3-5　不同企业性质：货币政策调整与企业经营风险

数据来源：原始数据来自 CSMAR 数据库，根据计算绘制。

综上，货币政策调整不确定性上升和经营风险增加对企业实体投资具有负面抑制效应，不同类型的企业对货币政策调整的反应差异较大。货币政策调整的抑制效应主要集中在业绩较好的大型企业中，但企业的风险水平并未因此上升，这个问题也是下一章将要探讨的，即企业金融化是否减弱了货币政策调整的影响效应。总的来说，对于小企业或经营业绩较差的企业而言，提高自身经营实力和风险防范能力是企业健康发展的重要选择。而对于经营业绩较好的企业，特别是大中型企业，提高宏观经济稳定性，改善企业投资环境，更有助于其制定长远实体投资规划。

# 本章小结

本章基于 2011—2020 年沪深 A 股非金融上市公司的数据，通过动态面板模型，研究了不同规模、经营业绩和不同行业、体制类型下货币政策调整对企业实体投资的影响效应的异质性。并从实物期权和融资约束两个渠道检验货币政策调整作用于企业实体投资的机制效应，此外，按企业不同特征计算货币政策调整的影响效应和经营风险水平并进行走势对比。最后通过主成分分析法提取公因子，运用因子工具变量法（FIV）验证了模型的稳健性，并通过替换变量法等进一步验证了分析结论的可靠性。

总的来看，货币政策调整对所有企业实体投资都表现出抑制效应（经营业绩较差的国有非制造业虽为正值，但不显著）。但抑制效应因企业特征的不同而不同。从企业经营业绩看，企业经营业绩由差到好，货币政策调整的系数也由大及小，说明货币政策调整对经营业绩较差和一般的企业实体投资影响最大，而业绩一般的企业受货币政策调整影响最为广泛且显著。从行业看，对比制造业和非制造业，可以发现货币政策调整对制造业实体投资的影响更大，范围也更广，而且，这种影响主要集中在非国有制造业企业。对于非制造业，经营业绩一般的企业影响显著。从规模分类看，企业规模由小及大，货币政策调整指数也由大及小，说明货币政策调整对中小型企业实体投资影响最大，特别是对中小型非国有企业影响最为显著，而中等规模企业受货币政策调整影响较为广泛。从企业性质看，发现货币政策调整对非国有企业实体投资的影响效应显著大于非国有企业，特别是对中小型非国有企业和大型非国有制造业企业。而对于国有企业，货币政策的影响效应显著体现在中小型制造业企业中。从行业看，可以发现货币政策调整对制造业实体投资的影响更大，范围也更广，特别是对所有的非国有制造业都表现出显著负面影响。而对于各类国有非制造业和大型非国有企业的非制造业，货币政策调整没有显著的影响效应。

此外，本章从实物期权和融资约束两个渠道检验货币政策调整作用于实体投资的机制效应。发现对于资产不可逆程度越高的企业，货币政策调整对实体投资的抑制效应越大。同样对于融资约束程度越高的企业，货币政策调整的负面影响作用越大。最后，通过对比货币政策调整与企业风险水平发现，政策不确定性的上升提高了企业经营风险水平，进而加剧了货币政策调整对实体投资的影响效应。

本章的研究结论对于解释实体投资率下降的原因提供了一定的思路，货币政策调整不确定性上升更加恶化了企业的外部投资环境，企业面临的固定资产投资风险的增加进一步降低了实体企业的投资意愿。因此，防止实体企业宏观投资环境持续恶化并进一步改善企业的外部投资环境是稳实体投资的重要措施，特别是只有给中小型实体企业创造更加公平、合理的融资环境，才能从根本上促进实体企业的发展。

# 第四章　货币政策调整与企业金融化动机识别

　　根据前文分析，企业金融化动机主要表现为"预防性储蓄动机"和"逐利动机"。预防性储蓄理论指出，非金融企业持有金融资产的目的是储备流动性，当风险和外部环境的不确定性增加，而金融资产的投资收益较高时，一定程度的金融化可以降低宏观比确定性带来的负面影响，进一步增强企业"预防性储蓄动机"。但在"逐利动机"下，宏观不确定性上升时，企业的融资渠道收紧，企业金融获利的减少可能进一步加深不确定性对企业投资的负面影响。因此有必要探究企业金融化的内在动机，特别是在外部经济环境波动性和不确定性升高的情况下，识别企业金融化动机对于弄清企业金融化在货币政策调整影响实体投资中的调节作用和寻找解决方法有重要意义。本书基于非金融上市公司 2011—2020 年的数据，通过交互效应面板模型，对企业金融化的动机进行识别，并分析了不同经营业绩和规模与不同性质和行业企业金融化动机的异质性，且通过主成分分析迭代算法提取宏观影响因子，来检验实体企业对宏观经济不确定性的反应，并分析了货币政策调整对不同动机金融化趋势的影响。最后通过因子工具变量法验证了模型的稳健性和分析结论的可靠性。

# 第一节　实证研究设计

## 一、样本选择与变量定义

### （一）样本选择和数据来源

选取 2011—2020 年沪深两市 A 股非金融上市公司数据①。在进行样本选择时，对数据进行了如下处理：第一，剔除了泛金融行业（FIRE），包括传统金融行业（银行与证券）、保险业与房地产业的上市公司；第二，剔除了样本期内财务数据缺失的企业；第三，剔除已退市、特别处理（ST）类和特别转让（PT）类企业；第四，剔除极端异常值，且选择因变量至少具有连续三年观测值的样本，为消除离群值和异常值的影响，对数据在 1% 和 99% 分位进行了缩尾处理。

### （二）变量定义

被解释变量：企业金融化（Ratio）。参考张成思和张步昙（2016）、Orhangazi（2008）和 Tori、Onaran（2018）等的研究，用企业金融渠道利润占营业利润的比值表示。计算公式为：（投资净收益+公允价值变动损益+汇兑净收益–合营与联营企业的投资净收益+利息收入–利息支出）/营业利润。

核心解释变量：包括金融投资与实体投资相对收益和相对风险。借鉴彭俞超（2018）的研究方法，金融投资与实体投资相对收益（Return）用金融收益率与实体收益率的比值度量。金融投资与实体投资相对风险（Risk）用金融收益率三个年度滚动标准差与实体收益率三个年度的滚动标准差之比度量。其中，金融收益率和固定资产收益率借鉴张成思和张步昙（2016）的计算方法，公式为：金融投资收益率=（投资净收益+公允价值变动损益+汇兑净

---

① 数据主要来源于万得（Wind）数据库和国泰安（CSMAR）数据库。

收益+利息收入+利息支出)/金融资产；固定资产收益率=(营业收入−营业成本−营业税金及附加−期间费用−资产减值损失)/(营运资本+固定资产+无形资产等长期资产的净值)。

其他影响企业金融化的控制变量：财务杠杆率（Debt），用企业总负债与总资产之比表示；企业现金（Cash），用企业经营性现金净流量与营业收入之比表示；公司规模（Size），用剔除价格因素的总资产表示；企业年龄（Age），从企业成立时间计算到样本期；成长能力（Gabi），用企业主营业务收入增长率表示；企业绩效（Roa），用企业总资产收益率表示；治理因素（Mag），若公司董事长与总经理为同一人，则取 1，否则取 0；Tobin Q，用市值与总资产的比值表示。

## 二、模型设计

### （一）交互效应动态面板模型

驱动企业金融化的因素是多层次的，既有微观因素，如金融投资和固定资产投资的风险收益等；也有宏观因素，如宏观经济政策的变动和宏观经济环境的不确定性等。且不同类型的企业金融化动机亦不同，为了更好地了解企业金融化动机和企业金融化对货币政策调整的反应敏感度，为分析企业金融化奠定基础，需要全面动态的推演金融化驱动的内在逻辑和不同类型企业的差异化特征，鉴于此，本章仍使用交互效应动态面板模型。因货币政策变动效应不易捕捉，本章通过匹配货币政策调整指数与宏观共同因子，使用该模型对金融化对货币政策调整的反应敏感程度进行了测度和分析。

#### 1. 模型介绍

为更好地反映货币政策调整这一宏观因素对企业实体投资的影响效应，本章使用交互效应动态面板模型对两者的关系进行实证检验。

交互效应面板模型是目前面板模型研究的重要方向，能较充分地挖掘到面板数据提供的信息，在微宏观计量经济学的理论和实证领域都得到广泛应用。在经济系统中，当一个宏观经济事件发生变化时，样本中的个体面临共同的外部影响，但不同个体在不同时点下对共同影响的承受能力和反应敏感度不同，且外部影响对不同个体在不同时点下也会产生不同的边际影响，因此，交互效应面板模型在经典面板模型基础上将个体效应与时间效应的乘积项引入面板模型，得到含交互效应的面板模型，以捕捉宏观因素对不同个体的动态差异化影响（杨继生和徐娟，2014）。

对于个体效应与时间效应，传统的面板模型是以加法形式将其包含在复合误差项中，这一设定方式的不足是，时间效应与个体效应的系数对于所有时点或所有个体都一样（李毅，2013），这与现实经济情况是不相符的。而交互效应面板模型则打破了这一束缚。

Bai（2009）提出了交互效应面板数据模型，为观察宏观因素影响和揭示共同影响的个体异质性效应提供了更为合理的分析工具。

交互效应面板模型的设定如下：

$$y_{it} = \alpha + \beta' x_{it} + \lambda_i' f_t + \mu_i + \varepsilon_{it}$$

其中，$y$ 为被解释变量，$\alpha$ 为常数项，$x$ 为随时间和个体而变化的解释变量，$f$ 为影响所有个体的共同因素，$\mu_i$ 为个体异质性特征。系数 $\beta$ 为系数矩阵，$\lambda$ 为系数载荷，$\varepsilon_{it}$ 为随机误差项。

若式中纳入被解释变量的滞后项，则称之为交互效应的动态面板数据模型，即：

$$y_{it} = \alpha + \rho y_{i,\,t-1} + \beta' x_{it} + \lambda_i' f_t + \mu_i + \varepsilon_{it}$$

### 2. 模型约束条件、内生性处理及估计方法

模型的约束条件：以往，我们习惯将问题中的个体指标通过分组分类进行研究，实际各类别经济指标之间常常具有较强内在相关性，这些相关性往往是受足够"普遍"的共同因素所影响，若将其简单归入研究的个体差异成分中，往往会使模型估计结果和预测结果偏误增大（Boivin 和 Ng，2006），多层因子模型则在对个体指标分类的基础上，引入影响个体层面的共同因子，来刻画局部指标和影响个体的共同因素（夏凯，2017）。式（4-7）和式（4-9）包含两层因子[①]，$M_t$ 是第一层因子，为对所有个体指标影响更加广泛和普遍的

---

[①] 见本章实证设计部分的式（4-7）和式（4-9）。

宏观因子；$I_t^j$ 是第二层因子，为对个体指标影响局限在行业内的行业因子。为保证这两层因子中不含交叉重复信息和更加明确的经济含义，需要满足约束条件 $Cov(M_t, I_t^j) = l, j = 1, 2, \cdots, J$，也就是 $M_t$、$I_t^j$ 是正交的，这样两者可以被唯一识别（Wang，2008）。

模型内生性问题处理：由于模型中纳入被解释变量的滞后项会导致动态面板偏误，而且金融化、金融投资与固定资产投资相对风险和收益指标等变量也存在一定的内生性问题，使用广义矩估计方法可能存在偏差并且可能不一致。因此，此处仍参考 Bai、Ng（2010）的方法，用估计的公共因子作为工具变量解决模型内生性的问题。

模型的估计方法：基于上述模型约束条件，使用 FIV 估计量，对模型运用迭代主成分分析（IPCA）方法进行估计（Wang，2008；黎娇龙，2018），估计方法如下。

第一步：不考虑所有因子，用最小二乘虚拟变量（LSDV）和广义最小二乘法（GLS）估计式（4-6）和式（4-8）[①]，得到各系数参数的初始值及残差。

第二步：不考虑行业因子，对式（4-7）和式（4-9）与用主成分分析法（PCA）估计宏观因子及其载荷的初始值。

第三步：对于不同行业，用主成分分析法估计行业因子及其载荷的初始值。

第四步：在第二步和第三步之间进行迭代，对宏观因子和行业因子及其载荷系数估计值进行优化后，用 LSDV 和 GLS 重复第一步，以更新系数参数估计值。

第五步：重复第一步到第四步，进行迭代直至收敛。

从以上步骤可知，模型估计进行了两层迭代，即内层迭代（行业因子）和外层迭代（宏观因子），为提高估算效率，在第二步外层因子迭代部分收敛后，再进行第三步的内层迭代收敛，从而保证参数估计量的一致性（杨继生

---

[①]　见本章实证设计部分的式（4-6）和式（4-8）。

和黎娇龙，2018）。

## （二）企业金融化动机的微观分析模型

考虑到企业金融化的动机是"预防性储蓄动机"和"逐利动机"叠加的结果，从微观层面分析企业金融化，模型设定如下：

$$Ratio_{it} = \alpha Risk_{it} + \beta Return_{it} + \Phi X_{it} + \mu_i + \xi_{it} \qquad (4-1)$$

$$i = 1, 2, \cdots, N; \ t = 1, 2, \cdots, T$$

其中，$Ratio_{it}$ 表示企业金融化水平，$Risk_{it}$ 为金融投资与实体投资相对风险，$Return_{it}$ 为金融投资与实体投资相对收益，$X_{it}$ 为影响企业金融化的其他外生控制变量。$\mu_i$ 为企业个体效应，$\xi_{it}$ 为随机扰动项，$i$ 表示单个企业，$t$ 表示时间，系数 $\alpha$、$\beta$ 则反映了金融与实体相对风险和收益对企业金融化的边际驱动效应。

式（4-1）与大部分微观分析模型基本一致，但还存在明显不足。

第一，该模型没有反映逐利和避险因素对企业金融化行为产生的惯性影响，因此引入企业金融化的一阶自回归项 $Ratio(-1)$，既反映企业金融投资行为的惯性，也反映各影响因素之间的动态效应。

第二，以往研究假定不同行业、不同体制类型企业所面临的风险和收益对企业金融化的边际影响是相同的，这一假定严重偏离现实情况。不同行业固有的差异会影响企业投资方式的选择，不同体制类型企业固有的差异同样也会制约和影响其投资行为，因此在上述模型的基础上引入不同行业、不同体制类型与风险和收益指标的交互项，来反映不同类型企业金融化的异质性。基于此，将式（4-1）扩展为式（4-2）：

$$Ratio_{it} = \rho Ratio_{i, t-1} + \alpha H_{ej} Risk_{it} + \beta H_{ej} Return_{it} + \Phi X_{it} + \mu_i + \xi_{it} \quad (4-2)$$

$$H_{ej} = (H_c, H_j) = (H_{c1}, H_{c2}, H_1, H_2)$$

$$i = 1, 2, \cdots, N; \ t = 1, 2, \cdots, T$$

其中，$H_c = (H_{c1}, H_{c2})$ 表示企业体制类型，分别为国有和非国有企业；$H_j = (H_1, H_2)$ 表示企业行业类型，分别为制造业和非制造业。

但是，式（4-2）仍然隐含一个较强假定，即假定经营业绩不同、规模不同的企业金融化水平无差异，其逐利和避险的边际驱动效应相同。实际上，经营状况不同的企业，其盈余资金，或者用于投资扩张的资金量不同，对现金流的敏感程度、面临的融资约束程度也不同，其金融投资的动因也应有所区别。宋军和陆旸（2015）研究发现，主业业绩较好和较差的企业倾向于持有更多的金融资产。特别是经营业绩较好、规模较大的、负债比例较低的企业富余效应更加显著（张瀛）2012；Da Luz 等，2015），张敏等（2010）从产权安排出发研究盈利状况不同的企业投资行为的差异，认为亏损状况下的民营企业相较于盈利状况下的企业投资更加激进，国有企业则与之相反。鉴于此，本章根据按照企业经营业绩对企业进行分类，为了与第三章实证分析保持一致，本章采用相同的分类方法：先将所有样本企业按行业归类，在行业类别下按照企业绩效数值由小到大排序，按照分位点区分为 25% 以下、25%~75%、75% 以上三个层次，分别表示经营业绩较差（ $H_{r1} = 1$，$H_{r2} = 0$，$H_{r3} = 0$）、经营业绩一般（ $H_{r1} = 0$，$H_{r2} = 1$，$H_{r3} = 0$）和经营业绩较好（ $H_{r1} = 0$，$H_{r2} = 0$，$H_{r3} = 1$）。该设定既体现行业异质性，又可以表现影响因素可能随企业经营状况的变动而发生改变。

规模不同的企业，面临的融资约束不同。规模较大企业和国有企业信用良好，易从银行取得贷款，而且许多大型非金融企业凭借资金优势，开始越来越多地提供金融服务。而中小型企业由于信贷约束问题，只能依赖实体中介获得融资，或者通过持有金融资产来保持一定的流动性以防范风险（马思超和彭俞超，2019）。为了考察不同规模企业金融化驱动因素的异质性，本章同样根据企业总资产数值大小对规模进行分类。分类方法为：先将所有样本企业按行业归类，然后在行业类别下按企业总资产由小到大排序，按照分位点区分为 25% 以下、25%~75%、75% 以上三个层次，分别表示企业规模较小（ $H_{s1} = 1$，$H_{s2} = 0$，$H_{s3} = 0$）、规模中等（ $H_{s1} = 0$，$H_{s2} = 1$，$H_{s3} = 0$）和规模较大（ $H_{s1} = 0$，$H_{s2} = 0$，$H_{s3} = 1$）。该设定既体现行业差异，又可以表现影响因素随企业规模的变动而发生改变。

基于以上分析，在式（4-2）的基础上引入经营业绩分类和规模分类两个指标，来反映不同经营业绩和不同规模类型企业金融化驱动的异质性。

$$Ratio_{it} = \rho Ratio_{i,\,t-1} + (\alpha_1 H_{r1} H_{cj} + \alpha_2 H_{r2} H_{cj} + \alpha_3 H_{r3} H_{cj}) Risk_{it}$$
$$+ (\beta_1 H_{r1} H_{cj} + \beta_2 H_{r2} H_{cj} + \beta_3 H_{r3} H_{cj}) Return_{it} + \Phi X_{it} + \mu_i + \xi_{it}$$

$$(4-3)$$

其中，$H_{r1}$、$H_{r2}$、$H_{r3}$ 分别表示经营业绩较差、经营业绩一般和经营业绩较好。

令 $\alpha = (\alpha_1,\ \alpha_2,\ \alpha_3)$，$\beta = (\beta_1,\ \beta_2,\ \beta_3)$，$H_{rcj,\,it} = (H_{r1} H_{cj},\ H_{r2} H_{cj},\ H_{r3} H_{cj})$，则式（4-3）可以改写为：

$$Ratio_{it} = \rho Ratio_{i,\,t-1} + \alpha H_{rcj,\,it} Risk_{it} + \beta H_{rcj,\,it} Return_{it} + \Phi X_{it} + \mu_i + \xi_{it}$$

$$(4-4)$$

同理，令 $\alpha = (\alpha_1,\ \alpha_2,\ \alpha_3)$，$\beta = (\beta_1,\ \beta_2,\ \beta_3)$，$H_{scj,\,it} = (H_{s1} H_{cj},\ H_{s2} H_{cj},\ H_{s3} H_{cj})$。

其中，$H_{s1}$、$H_{s2}$、$H_{s3}$ 分别表示规模较小、规模中等、规模较大，则模式（4-3）改写为：

$$Ratio_{it} = \rho Ratio_{i,\,t-1} + \alpha H_{scj,\,it} Risk_{it} + \beta H_{scj,\,it} Return_{it} + \Phi X_{it} + \mu_i + \xi_{it}$$

$$(4-5)$$

## （三）企业金融化动机的宏观因素——因子模型的扩展

企业是否进行金融投资除了与微观个体因素相关，还受到宏观经济因素和行业因素的影响。货币政策调整会影响所有微观企业，为更好地分析宏观波动和不确定性对企业金融化的影响，并测度不同类型企业对货币政策调整的反应灵敏度的差异，在式（4-4）和式（4-5）的基础上引入行业因素和宏观因素两个因子，则：

$$Ratio_{it} = \rho Ratio_{i,\,t-1} + \alpha H_{rcj,\,it} Risk_{it} + \beta H_{rcj,\,it} Return_{it} + \Phi X_{it} + u_{ijt} \quad (4-6)$$

$$u_{ijt} = \mu_i + \Theta H_{rc} M_t + \Pi_i^j I_t^j + \xi_{ijt} \quad (4-7)$$

$$H_{rc} = (H_{r1} H_{c1},\ H_{c1},\ H_{r3} H_{c1},\ H_{r1} H_{c2},\ H_{c2},\ H_{r3} H_{c2})$$

$$j = 1,\ 2;\ i = 1,\ 2,\ \cdots,\ N_j;\ t = 1,\ 2,\ \cdots,\ T$$

$$Ratio_{it} = \rho Ratio_{i,\,t-1} + \alpha H_{scj,\,it} Risk_{it} + \beta H_{scj,\,it} Return_{it} + \Phi X_{it} + u'_{ijt} \quad (4-8)$$

$$u'_{ijt} = \mu_i + \Theta' H_{sc} M_t + \Pi_i'^j I_t^j + \xi_{ijt} \quad (4-9)$$

$$H_{sc} = (H_{s1}H_{c1}, H_{c1}, H_{s3}H_{c1}, H_{s1}H_{c2}, H_{c2}, H_{s3}H_{c2})$$

$$j = 1, 2; i = 1, 2, \cdots, N_j; t = 1, 2, \cdots, T$$

其中，$M_t$、$I_t^j$ 分别表示宏观因子和行业因子；$\Theta$、$\Theta'$ 和 $\Pi$、$\Pi'$ 分别表示实体企业在不同经营状态下和不同规模条件下对共同的宏观环境因素的反应系数。$\Theta = (\Theta_1, \Theta_2)$、$\Theta_1 = (\Theta_{11}, \Theta_{12}, \Theta_{13})$、$\Theta_2 = (\Theta_{21}, \Theta_{22}, \Theta_{23})$ 分别表示实体企业在经营业绩较差、经营业绩一般和经营业绩较好时对共同的宏观环境因素的反应系数。

$\Theta' = (\Theta_1', \Theta_2')$、$\Theta_1' = (\Theta_{11}', \Theta_{12}', \Theta_{13}')$、$\Theta_2' = (\Theta_{21}', \Theta_{22}', \Theta_{23}')$ 分别表示实体企业在规模较小、规模中等和规模较大条件下对共同的宏观环境因素的反应系数。

为方便分析，多层因子模型将经营业绩一般和规模中等企业设定为比较的基准。

## （四）货币政策调整与企业金融化动机关系检验

为检验企业金融化动机异质性条件下货币政策调整对企业金融化的影响，本章将全样本分为基于"预防性储蓄"动机金融化和基于"逐利"动机金融化两组子样本，子样本根据实证结果进行分组[①]。分别考察货币政策调整对企业金融化趋势的影响。基于此构建面板模型如下：

$$Ratio_{i, t} = \alpha Ratio_{i, t-1} + \beta MPU_t + \rho X_{i, t} + \mu_i + \xi_{i, t} \tag{4-10}$$

其中，$Ratio$ 表示金融化水平，$MPU_t$ 表示货币政策调整水平，$X_{i,t}$ 表示控制变量，$\mu_i$ 表示个体效应，$\xi_{i, t}$ 表示随机误差项。若回归系数 $\beta > 0$，则说明货币政策调整会推高金融化水平，反之，货币政策不确定性的上升会抑制企业金融化水平。

为进一步检验货币政策调整对不同动机金融化的影响，本章从融资约束程度的大小和企业配置金融资产类型，及长期金融资产和短期金融资产的视

---

① 实证结果后的具体分组见本章第三节。

角考察企业金融化的"预防性储蓄"动机和"逐利"动机。在模型（4-10）的基础上引进融资约束程度和金融资产配置类型两个分组，分别考察不同子样本下货币政策调整对企业金融化的影响，分组规则如下：

第一，对于企融资约束程度，使用计算的融资约束指标，企业融资约束（FC）大于同年同行业的中位数的为融资约束较强组，否则为融资约束较弱组。

第二，对于金融资产类型，按照长期金融资产和短期金融资产进行分类。借鉴许罡等（2017）、彭俞超（2018）和黄贤环等（2018）对短期金融资产和长期金融资产的分类方法，将交易性金融资产和衍生性金融资产归类为短期金融资产，将持有至到期投资、可供出售金融资产、长期股权投资以及投资性房地产归类为长期金融资产。

同样，若回归系数 $\beta > 0$，则说明货币政策调整会推高企业金融化水平，反之，货币政策不确定性的上升会抑制企业金融化水平。

## 第二节 企业金融化动机识别的实证分析

### 一、样本数据统计特征

为了研究不同经营业绩和规模以及不同企业性质和行业类型企业金融化驱动因素的异质性。我们考察了实体投资与金融投资相对收益和风险两个指标在不同子样本下的统计特征（见表4-1）。

表4-1　核心变量的分类统计特征

| | | 金融化程度（Ratio） | | 相对风险（Risk） | | 相对收益（Return） | |
|---|---|---|---|---|---|---|---|
| | | 均值 | 标准差 | 均值 | 标准差 | 均值 | 标准差 |
| 经营业绩 | 较差 | 0.083 | 0.106 | 1.846 | 7.285 | 36.960 | 207.610 |
| | 一般 | 0.090 | 0.119 | 1.284 | 5.956 | 22.601 | 139.341 |
| | 较好 | 0.116 | 0.141 | 0.633 | 3.107 | 7.417 | 74.550 |

续表

| | | 金融化程度（Ratio） | | 相对风险（Risk） | | 相对收益（Return） | |
|---|---|---|---|---|---|---|---|
| | | 均值 | 标准差 | 均值 | 标准差 | 均值 | 标准差 |
| 规模 | 较小 | 0.109 | 0.137 | 1.544 | 6.607 | 22.747 | 154.934 |
| | 中等 | 0.093 | 0.120 | 1.349 | 6.091 | 24.872 | 156.244 |
| | 较大 | 0.083 | 0.108 | 0.778 | 3.933 | 16.145 | 114.010 |
| 企业性质 | 国有企业 | 0.093 | 0.120 | 1.070 | 5.129 | 22.600 | 148.733 |
| | 非国有企业 | 0.097 | 0.125 | 1.614 | 6.861 | 22.070 | 145.146 |
| 行业 | 制造业 | 0.076 | 0.102 | 1.508 | 6.287 | 19.620 | 141.431 |
| | 非制造业 | 0.107 | 0.132 | 1.098 | 5.459 | 24.310 | 151.388 |

首先，从不同经营状态的企业来看，企业的金融化水平随着经营业绩的改善有所上升。即经营业绩越好的企业其金融化程度越深，经营业绩越差的企业金融化程度越低。从风险和收益指标来看，企业经营业绩由好到差，风险指标则由低到高，对应的收益指标也由低到高，风险越大，收益越高，说明经营业绩越差的企业投资金融产品较为激进。

其次，从不同规模类型的企业来看，企业的金融化水平随着企业规模的扩张有所下降。即规模越小的企业，金融化水平越高。企业持有金融资产承担的风险越大，金融投资回报也越高。规模越大的企业情况与之相反。

再次，从不同所有制类型的企业来看，非国有企业的金融化水平略高于国有企业，但前者持有金融资产的风险较高，投资回报相对略低。

最后，从不同行业的企业来看，非制造业企业的金融化水平显著高于制造业，但其相对风险指标低于制造业企业，收益明显高于制造业企业。

总的来说，经营业绩不同、规模不同、行业不同以及企业性质不同，其金融化水平和风险收益指标均存在显著差异，且符合投资风险和收益的基本特征，不难判断，不同类型企业金融化在风险和收益的边际驱动效应也会有所区别。

## 二、主回归结果分析

金融投资与实体投资相对风险和收益指标对企业金融化的边际驱动效应大小，直接反映了企业金融化的驱动动机。表4-2显示，在样本期间内，风险指标（Risk）的回归系数为-0.024，且在1%的统计水平上显著，说明企业进行固定资产投资的风险越大，企业金融化水平越高[1]；反之，企业实体投资风险越小，企业金融化水平也越低。收益指标（Return）的回归系数虽为正值，但其统计意义并不显著[2]。从全体样本看，"逐利"并非实体企业进行金融资产配置的主要动机，而风险规避则是企业金融化的关键驱动因素。即当企业的固定资产投资面临较大风险时，会提高企业的"预防性储蓄"动机，增加企业的金融资产配置。这与张成思和郑宁（2020）、Lashitew（2017）的研究结论基本一致。

表4-2 企业金融化的主要影响因素

| 变量<br>（解释变量） | 系数估计值（t值） | 变量<br>（控制变量） | 系数估计值（t值） |
|---|---|---|---|
| Ratio（-1） | 0.893 ***<br>（90.54） | Cash | 0.077 **<br>（2.48） |
| Risk | -0.024 ***<br>（-10.58） | Debt | 0.083 ***<br>（3.06） |
| Risk（-1） | 0.019 ***<br>（5.64） | Roa | -0.029 ***<br>（-3.09） |
| Return | 0.023<br>（0.54） | Size | -0.035<br>（-0.91） |
| Return（-1） | -0.004<br>（-0.86） | Mag | -0.034 ***<br>（-3.06） |
| | | Gabi | 0.112 ***<br>（6.53） |

[1] 为避免时间错位与长短期效应不一致问题，此处同样计算了累计效应，即金融与实体相对风险（Risk）对金融化的边际驱动累计效应为-0.005（-0.024+0.019）。

[2] 金融与实体相对风险（Return）对金融化的边际驱动累计效应为0.019（0.023-0.004）。

续表

| 变量<br>（解释变量） | 系数估计值（*t*值） | 变量<br>（控制变量） | 系数估计值（*t*值） |
|---|---|---|---|
| | | Age | −0.098 ***<br>（−8.33） |
| | | Tobin Q | 0.008 ***<br>（3.91） |
| | | _Cons | 1.251 ***<br>（9.68） |

注：括号内为 *t* 值，*、**、*** 分别表示在 10%、5%、1%的显著性水平下显著。

## 三、企业金融化动机的异质性分析

### （一）不同经营业绩下的驱动效应分析

表 4-3 和表 4-4 展示了在不同的经营业绩下风险和收益对企业金融化的边际驱动效应，不同行业和不同体制类型企业表现出不同的特征。

表 4-3 不同经营业绩下企业金融化的风险驱动效应

| 经营状态 | 行业分类 | 业绩较差<br>（系数估计值/*t*值） | 业绩一般<br>（系数估计值/*t*值） | 业绩较好<br>（系数估计值/*t*值） |
|---|---|---|---|---|
| 国有企业 | 制造业 | −0.082 ***<br>（−6.106） | −0.006 *<br>（−7.808） | −0.004<br>（0.381） |
| | 非制造业 | −0.017 *<br>（0.060） | −0.078 ***<br>（−8.78） | 0.107 ***<br>（7.916） |
| 非国有企业 | 制造业 | −0.052 ***<br>（−3.422） | −0.007 ***<br>（−9.434） | −0.021 **<br>（−2.242） |
| | 非制造业 | −0.108 ***<br>（−3.929） | −0.027<br>（−1.474） | −0.087 ***<br>（−4.542） |

注：括号内为 *t* 值，*、**、*** 分别表示在 10%、5%、1%的显著性水平下显著。

表 4-4　不同经营业绩下企业金融化的收益驱动效应

| 经营状态 | 行业分类 | 业绩较差<br>（系数估计值/t 值） | 业绩一般<br>（系数估计值/t 值） | 业绩较好<br>（系数估计值/t 值） |
|---|---|---|---|---|
| 国有企业 | 制造业 | 0.081<br>（0.801） | −0.106<br>（−0.576） | −0.185<br>（−0.705） |
| | 非制造业 | −0.155***<br>（−3.215） | 0.067***<br>（4.095） | 0.417***<br>（8.824） |
| 非国有企业 | 制造业 | 0.015<br>（0.67） | −0.016<br>（−0.408） | 0.148*<br>（1.511） |
| | 非制造业 | −0.051<br>（−0.913） | 0.111***<br>（6.304） | 0.147*<br>（1.658） |

注：括号内为 $t$ 值，*、**、*** 分别表示在 10%、5%、1% 的显著性水平下显著。

　　对于经营业绩较差的企业：从风险驱动效应看，除国有企业的非制造业相对风险的边际驱动系数为正外（系数为 0.107），其他类型企业的相对风险回归系数皆为负值，说明对经营业绩较差的实体企业来说，风险规避是驱动其金融化的主要因素，也就是当固定资产投资风险增加时，企业更倾向于配置金融资产。从企业性质和行业来看，非国有制造业的风险边际系数为−0.052，且在 1% 的统计水平上显著，说明风险因素对非国有企业金融化的驱动效应远高于国有企业。从收益驱动效应看，非制造业的收益边际效应不显著。总的来说，对于经营业绩较差的企业，风险规避是其进行金融投资的主要驱动因素。

　　对于经营业绩一般的企业：从风险驱动效应看，相对风险指标的回归系数皆为负值，且统计意义显著，除国有制造业的系数绝对值相对较小（−0.006）之外，国有企业与非国有企业的非制造业的风险效应基本相同。从收益驱动效应看，非制造企业收益的边际影响系数均为正值，统计意义显著，且私营非制造业的边际效应（−0.027）远大于国有非制造业（−0.007）。而对于所有制造业而言，虽然其系数为正，但统计意义并不显著。这说明，在经营业绩一般时，非制造业企业出于"逐利"动机，会将更多的资本投入金融领域。而制造业企业则更注重主营业务的经营，没有明显的"逐利动机"配置更多的金融资产。总的来说，经营业绩一般时，不同行业呈现不同的特征，逐利和避险都是推动企业金融化的关键因素，这与张成思和郑宁（2019）结论一致。

对于经营业绩较好的企业：从风险驱动效应看，国有企业和非国有企业存在明显差异。非国有企业风险边际效应皆为负值，国有企业则不存在这个特征。这可能是因为国有企业能以较少的担保获得银行贷款，特别是其经营业绩较好时企业并没有较强的"预防性储蓄动机"持有更多的金融资产。从收益驱动效应看，收益边际驱动效应都不显著，这也说明，经营业绩较好的企业，其经营效益好、获利能力强，对金融投资无特别偏好。总的来说，"逐利动机"并非业绩较好企业金融化的主要驱动因素。

## （二）不同规模企业的驱动效应分析

表4-5和表4-6展示了金融投资与实体投资相对风险和收益在不同规模状况下企业金融化驱动因素的异质性。

表4-5　不同规模企业金融化的风险驱动效应

| 规模大小 | 行业分类 | 业绩较小<br>（系数估计值/t值） | 业绩中等<br>（系数估计值/t值） | 业绩较大<br>（系数估计值/t值） |
|---|---|---|---|---|
| 国有企业 | 制造业 | -0.015<br>(-1.587) | -0.053***<br>(-6.967) | -0.056<br>(0.934) |
| | 非制造业 | 0.042***<br>(3.804) | 0.051<br>(0.374) | -0.092***<br>(-3.877) |
| 非国有企业 | 制造业 | 0.029*<br>(1.858) | 0.024***<br>(3.031) | -0.053***<br>(3.275) |
| | 非制造业 | -0.049*<br>(-1.797) | -0.164***<br>(-9.462) | -0.066***<br>(-2.939) |

注：括号内为t值，*、**、***分别表示在10%、5%、1%的显著性水平下显著。

表 4-6 不同规模企业金融化的收益驱动效应

| 规模大小 | 行业分类 | 业绩较小<br>（系数估计值/$t$ 值） | 业绩中等<br>（系数估计值/$t$ 值） | 业绩较大<br>（系数估计值/$t$ 值） |
|---|---|---|---|---|
| 国有企业 | 制造业 | 0.017<br>（0.965） | 0.148<br>（0.558） | 0.143***<br>（5.482） |
| | 非制造业 | −0.173<br>（−0.463） | 0.015<br>（0.808） | 0.064**<br>（2.241） |
| 非国有企业 | 制造业 | 0.024***<br>（8.155） | 0.095***<br>（3.834） | −0.091<br>（−0.95） |
| | 非制造业 | −0.167<br>（−0.925） | 0.062*<br>（1.766） | 0.121*<br>（1.84） |

注：括号内为 $t$ 值，*、**、*** 分别表示在 10%、5%、1%的显著性水平下显著。

对于规模较小的企业：从风险驱动效应看，非国有企业风险边际驱动系数都是负的，在 1%的统计水平显著。而且制造业和非制造业的风险系数相差不大，说明对于规模较小的非国有企业金融化的主要驱动因素是风险规避。对于规模较小的国有企业，避险效应不显著。从收益驱动效应看，虽然收益的边际影响系数为正，但统计意义不显著。

对于规模中等的企业：从风险驱动效应看，非国有企业风险边际驱动系数为负数，且在 1%的统计水平显著。非制造业的风险系数远高于制造业，说明非国有企业金融化的主要驱动因素是避险。对于国有企业，从报告结果来看，风险规避效应不显著。从收益驱动效应看，虽然收益的边际影响系数为正，但统计意义都不显著。

对于规模较大的企业：从风险驱动效应看，风险的边际影响系数都是负值。国有和非国有制造业企业的相对风险系数相差无几，分别为 −0.056 和 −0.053。且非制造业企业的风险规避效应统计意义显著。从收益驱动效应看，所有企业的回归系数不仅较小，且统计意义都不显著，因此，对于大型企业来说，利润追逐并非企业金融资产配置的主要因素。

总的来说，从经营状态看，经营绩效较好的企业保持着较好的流动性，因此会减少对短期金融资产的投资，而经营业绩一般和较差的企业可能出于较强的预防性动机持有金融资产，张敏等（2010）认为业绩越差的企业投资表现越激进，特别是民营企业。从规模分来结果来看，中等规模企业金融化的避险驱动效应在1%的统计水平上是显著的，说明在固定资产投资风险增加时，企业会减少实体投资而倾向将资产投资金融领域。除小型非国有企业外，其他类型小企业和大型企业没有明显避险特征。从融资约束角度看，规模较大的企业受融资约束较小，其抗风险能力较强，同时获利较为稳定，因此在利润驱动和风险规避方面都不能驱使其增加对金融资产的投资。

## 四、稳健性检验

工具变量的有效性检验。对于实体企业，金融投资与固定资产投资之间的回报率高低和风险大小都会影响企业的资产配置，企业也会根据自身规模以及实际的经营状况调整资产的配置比例。鉴于被解释变量的滞后项、收益指标以及风险指标也可能存在内生性，本章采用因子工具变量对模型进行 FIV 估计，估计的有效性检验结果如表 4-7 所示。

表 4-7　工具变量有效性检验

|  | FIV［Ratio（t-1）］ | FIV（Risk） | FIV（Return） |
|---|---|---|---|
| 与变量自身相关性 | 0.9542 | 0.9412 | 0.9239 |
| $E(FIV\varepsilon_{it})$ | 0.0000 | -0.0000 | 0.0000 |
| $E(e_{it}\varepsilon_{it})$ | -0.0282 | -0.0786 | 0.0245 |

注：$E(FIV\varepsilon_{it})$ 的结果报告的是因子工具变量与模型残差的相关性；$E(e_{it}\varepsilon_{it})$ 的结果报告是该变量内生性情况，该值越接近于0，其内生性越小。

从检验结果可以看出，FIV 因子工具变量与金融化滞后项、风险和收益指标都存在高度相关的关系，且相关性均在90%以上。观察 $E(FIV\varepsilon_{it})$ 的值皆为0，说明 FIV 估计量与模型中的残差不相关，而提取出共同因子后的其他残余因素和其相关①，因此 FIV 工具变量是有效的②。

————————

① 通过主成分分析方法提取的公因子与自身相关，而与残差无关，说明工具变量是有效的。

② $E(e_{it}\varepsilon_{it})$ 的值较小，说明变量的内生性不是很强，共同因子解释了原始变量90%以上信息，因此是否使用 FIV 因子工具变量进行估计，估计结果是接近一致且是有效的。

# 第三节 货币政策调整与企业金融化

由第二章的分析可知企业金融化的动机有所差异,本章第二节的实证结果也验证了这一点。为了解不同动机下货币政策调整对企业金融化的影响,以及企业对货币政策调整的反应敏感程度,本节进一步从融资约束异质性角度对企业金融化的"预防性储蓄"动机和"逐利"动机进行考察,并分析了不同企业类型企业对货币政策调整的动态反应。

## 一、企业金融化对货币政策调整的反应敏感度

模型中的 $M_t$ 指标反映出了影响企业金融化水平的宏观因子的走势,包括经济政策不确定性和外部环境等的影响。$\Theta$、$\Theta'$ 指标反映出了不同经营状态和不同规模大小的企业对宏观因子的反应灵敏程度。为保证所估计的宏观因子的准确性,采用 Bai 和 Wang(2016)提出的迭代 PCA(主成分分析)的方法在正交的约束条件下对式子进行估计,所得到的共同因子捕捉到对所有企业个体有"普遍"影响的共同成分的 86.08%,该程度可以反映实体企业在配置固定资产投资和金融资产投资决策时受宏观经济不确定性因素影响的基本特征。

估计结果如图 4-1 所示,在剔除了微观企业层面的风险和收益因素对企业金融化的影响之后,宏观因素对实体企业金融化的影响总体上呈现出不规则的 L 形,其转折点出现在 2015 年。总的来看,共同的宏观环境因素对实体企业金融化水平起到一定的推动作用。2011—2015 年,实体企业金融化逐步加深,其外部环境在 2015 年出现明显的逆转。根据国家统计局数据,2015 年下半年之后,工业企业逐渐扭转了利润持续下滑的局面,2016 年规模以上工业企业实现利润同比增长 8.5%,固定资产投资对资金的吸引力在增大。同时,国家开始重视经济"脱实向虚"的问题,各项相关政策也开始落地,2015—2018 年对于实体经济来说,宏观环境相对稳定,但是,2018 年后实体企业投资的宏观环境又出现了较大变动。

　　货币政策调整的不确定性是指由于货币政策本身的易变性或宏观经济形势的不确定性等因素导致货币政策取向或传导的不可预期性。货币政策调整不确定性的上升不仅会促使企业推迟或放弃不可逆投资（Nguyen 和 Phan，2017），还会导致产出收缩，抑制经济增长（Fasolo，2019；Sinha，2016）。货币政策调整指数走势如图 4-1 所示，可以发现货币政策调整指数的峰值出现在金融危机后期的 2011 年；另一个高点出现在 2015 年股灾期间，2016 年后货币政策调整指数持续下降，尽管 2018 年后小幅上升，但总体保持了稳定的趋势。货币政策作为政府宏观调控的最重要手段之一，特别在支持和稳定实体经济发展方面，发挥了重要作用，作为影响企业投资众多经济政策中的一环，货币政策在工具总量和结构双重功能上，对于稳定宏观经济基本盘，提高对微观实体企业支持的精准导向和直达性都有独特优势，用货币政策调整指数来衡量影响企业实体投资决策的外部环境，可以反映企业投资环境的不确定性和承担的风险程度。

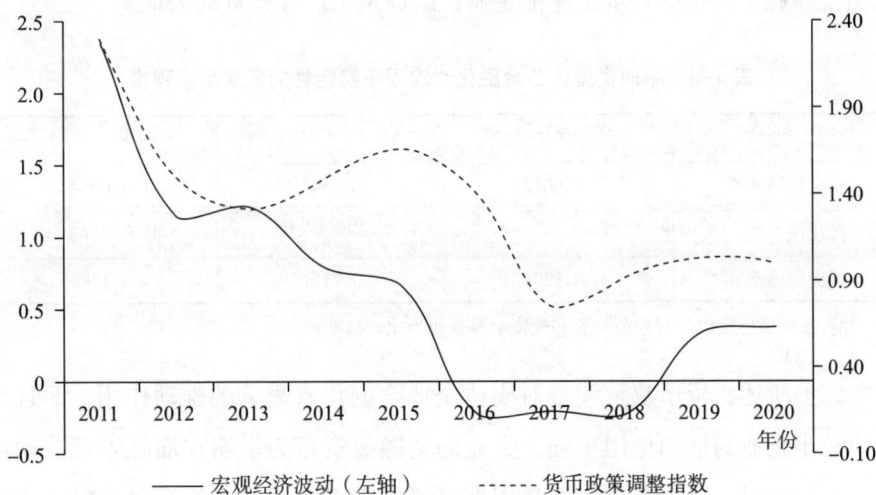

**图 4-1　宏观经济波动和货币政策调整指数**

数据来源：原始数据来自 CSMAR 数据库，根据计算绘制。

　　从图 4-1 看出，宏观经济波动与货币政策调整指数总体走势比较接近，二者在 2015 年之后均出现一个较大幅度的下滑，2017—2018 年都保持在一个相对平稳的水平上，2019年后两者波动基本一致。两者在幅度和时间上显示出良好匹配性，由此可见，在推动企业金融化的宏观波动因素中，货币政策调整是主要因素。

企业金融化行为对宏观不确定性影响的反应灵敏程度如表4-8所示。模型计算是以经营业绩一般和规模中等为基准，经营业绩较差、一般和较好企业的反应敏感度分别为0.4930、0.5542、0.6496①，而规模较小、中等和较大企业的反应敏感度分别为0.5830、0.7121、0.8219②。可见经营业绩越好、规模越大的企业对宏观经济因素的反应灵敏度越高。也就是当企业投资面临的经济政策不确定性上升和市场环境波动增加时，经营业绩较好和规模较大的企业根据外部环境变动调整投资组合策略的速度越快，出于风险规避动机，企业可能会增加金融资产的持有比例，造成固定资产投资率的下降。这也说明，业绩较好的大企业受宏观经济不确定性上升的影响更大。宏观经济政策不确定性主要抑制了经营业绩较好的大型企业，由此可见，良好的经济政策透明度和稳定的投资环境是保证企业长期稳定生产性投资的关键。

**表4-8 不同类型企业金融化对宏观不确定性的反应敏感程度**

| 经营业绩 | 较差（$\Gamma_1$） | 一般（$\Gamma_2$） | 较好（$\Gamma_3$） |
|---|---|---|---|
| 反应敏感差异 | -0.0612 | 0.5542 | 0.0954 |
| 规模大小 | 较小（$\Gamma_1'$） | 中等（$\Gamma_2'$） | 较大（$\Gamma_3'$） |
| 反应敏感差异 | -0.1291 | 0.7121 | 0.1398 |

注：反应敏感度以经营业绩一般和规模中等企业为比较基准。

综上所述，货币政策调整对实体企业金融化有显著的推动作用，而且对规模较小企业的推动作用更强。企业的金融投资行为说明在面临宏观波动性和不确定性时，企业有动机选择短期可逆的金融资产。尽管金融化对企业来说有一定的风险规避作用，但对于实体企业来说，立足主业，提高生产经营

① 由于模型计算是以经营业绩一般和规模中等为基准，经营业绩由差到好的反应敏感度分别为0.493（0.5542-0.0612）、0.5542、0.6496（0.5542+0.0954）。

② 规模从小到大的企业金融化对宏观不确定性的反应敏感度分别为0.5830（0.7121-0.1291）、0.7121、0.8519（0.7121+0.1398）。

实力和核心竞争力，才是应对宏观经济环境波动、提高资源配置效率的重要举措。同样，只有改善实体企业的外部投资环境，特别是为中小型实体企业创造更加公平稳定的市场环境，才能从根本上促进实体企业的发展。

## 二、货币政策调整与企业金融化动机

　　为更清楚了解实体企业金融化行为背后的动因、逻辑以及货币政策调整与企业金融化之间的关系，根据上文金融化动机实证的结果将企业金融化动机分为"预防性储蓄动机"和"逐利动机"两类，进一步分析货币政策调整升高对企业金融化趋势的影响，以及观察货币政策不确定对不同动机金融化的影响是否存在异质性。

　　经营业绩下的实证结果分组[①]：将实证结果中风险驱动效应回归系数为负的样本归类为"预防性储蓄动机"，主要包括经营业绩较差企业、经营业绩一般的国有非制造业和非国有制造业以及经营业绩较好的非国有企业；将实证结果中收益驱动效应回归系数为正的样本企业归为"逐利动机"，主要包括经营业绩较差的制造业和经营业绩一般的非制造业及经营业绩较好的国有非制造业和非国有企业。

　　为保证分类结果的稳健性，本章还按照规模大小分类的实证结果按同样方法进行了分类[②]。其中"预防性储蓄动机"金融化，包括非国有制造业企业和中小国有制造业企业、民营非制造业企业以及大型国有非制造业企业；"逐利动机"金融化，包括较大规模企业、中等规模的非国有企业和小型非国有制造企业。

### （一）总体影响

　　表4-9和表4-10第（1）列和第（2）列分别报告了当期与滞后一期的货币政策调整对企业金融化的整体影响。两列的结果均显示货币政策调整的系数为正数，且在1%的统计水平上意义显著，即货币政策调整指数的上升会

---

　　①　详见本章表4-3和表4-4。
　　②　详见本章表4-5和表4-6。

推动企业金融化行为。对比当期和滞后一期的回归结果也可以发现，当期的回归系数为 0.0098，要大于滞后一期的回归系数为 0.0062，说明货币政策调整对金融化的推动作用有所减弱。由此可见，为了防止经济政策不确定性的上升可能带来的风险影响和流动性短缺，企业会倾向于提高金融化水平，以实现分散风险和流动性储备的目的，降低影响可能对企业生产经营活动产生的负面影响。

## （二）基于企业金融化动机的异质性

表 4-9 和表 4-10 中的第（3）列到第（6）列分别报告了基于经营业绩实证结果的分类和基于规模大小实证结果的分类下货币政策调整对企业金融化的影响。其中，两表中的第（3）列和第（4）列分别显示了货币政策调整当期和滞后一期对出于"预防性储蓄动机"企业金融化的影响。第（5）列和第（6）列分别显示了货币政策调整当期和滞后一期对出于"逐利动机"企业金融化的影响。

### 1. 基于"预防性储蓄"动机

观察两表中的第（3）列和第（4）列，可以发现，货币政策调整的回归系数皆显著为正，说明对于出于"预防性储蓄动机"的企业来说，货币政策调整系数上升会推高企业金融化水平，对比两列的回归系数，当期货币政策调整系数大于滞后一期的回归系数，发现其对金融化的促进作用相对当期有所减弱。如果出于"预防性储蓄动机"，企业为了防止外部不确定性影响对未来资金链运行以及经营风险等可能产生的负面影响，会选择增持金融资产，运用金融工具实现风险规避和储备流动性的目的，特别是受融资约束较强的企业，在面临货币政策调整影响，外部融资困难加重的情况下，会出于储备动机而持有金融资产。无论是基于规模实证结果还是基于经营业绩实证结果的样本分类，结果都证明了这一问题。

### 2. 基于"逐利"动机

观察两表中的第（5）列和第（6）列，结果与出于"预防性储蓄动机"样本结果正好相反，货币政策调整的回归系数皆为负数，且在 1% 的统计水平上显著，说明对于"逐利动机"的企业来说，货币政策调整系数上升会抑制企业金融化水平的提高，对比两列的回归系数，当期货币政策调整系数大于滞后一期的回归系数，同样发现其对金融化的抑制作用也有所减弱。由此可见，如果企业出于"逐利动机"，则货币政策调整系数的上升不仅提高了金融市场风险波动性，也会缩减银行信贷供给规模，企业金融投资的成本和风险上升，企业持有金融资产成本增加，收益减少，此时，收益的不确定性和信贷可得性的降低，会使减少金融资产。

因此，货币政策调整系数的上升一定程度上抑制了"逐利动机"的企业金融化水平，外部风险影响进一步收紧了融资约束，金融投资水平的下降，可能对企业实体投资决策产生不利影响。无论是基于规模实证结果还是基于经营业绩实证结果，都证明了这一问题。

表 4-9　货币政策调整与企业金融化动机（基于经营业绩实证结果的分组）

| 变量 | 全样本 | | "预防性储蓄动机" | | "逐利动机" | |
|---|---|---|---|---|---|---|
| | （1） | （2） | （3） | （4） | （5） | （6） |
| MPU | 0.0098 *** | | 0.1230 *** | | −0.1122 *** | |
| | (5.65) | | (3.93) | | (5.02) | |
| L-MPU | | 0.0062 *** | | 0.0680 *** | | −0.0617 *** |
| | | (4.11) | | (3.89) | | (−4.94) |
| Size | 0.0177 *** | 0.0153 ** | 0.1190 *** | 0.1267 *** | 0.1048 *** | 0.1101 *** |
| | (3.00) | (2.41) | (3.64) | (3.65) | (3.55) | (3.47) |
| Debt | 0.0348 *** | 0.0357 *** | −0.0113 | −0.0136 | 0.0432 | 0.0210 |
| | (8.00) | (7.58) | (−0.91) | (−1.03) | (0.44) | (0.20) |
| Cash | 0.0121 ** | 0.0187 * | 0.0173 ** | 0.0111 | 0.0159 ** | 0.0048 |
| | (2.15) | (1.76) | (2.22) | (1.41) | (2.08) | (0.76) |
| Age | −0.0272 *** | −0.0270 *** | −0.0447 *** | −0.0489 ** | −0.0250 ** | −0.0233 |
| | (−18.08) | (−15.87) | (−2.63) | (−2.43) | (−1.96) | (−1.56) |
| Gabi | 0.1237 *** | 0.1416 *** | 0.8144 * | 0.7834 * | 0.8543 *** | 0.1059 *** |
| | (4.65) | (4.92) | (1.88) | (1.66) | (2.69) | (3.09) |
| Roa | 0.4024 *** | −0.2968 * | 0.1061 *** | 0.1189 *** | 0.6200 *** | 0.7555 *** |
| | (2.79) | (−1.94) | (3.89) | (4.16) | (2.51) | (2.76) |

续表

| 变量 | 全样本 | | "预防性储蓄动机" | | "逐利动机" | |
|------|--------|--------|--------|--------|--------|--------|
| | (1) | (2) | (3) | (4) | (5) | (6) |
| Mag | −0.0011 | −0.0023 | 0.0014 | 0.0019 | −0.0030 | −0.0035 |
| | (−0.73) | (−1.35) | (0.43) | (0.54) | (−1.03) | (−1.07) |
| Tobin Q | 0.1568*** | 0.1077*** | 0.2420** | 0.2609** | 0.2611** | 0.2763** |
| | (3.89) | (2.59) | (2.52) | (2.35) | (2.54) | (2.57) |
| GDP | 0.0905*** | 0.0974*** | 0.1271*** | 0.1288*** | 0.0871*** | 0.0902*** |
| | (10.01) | (10.34) | (7.24) | (7.06) | (7.52) | (7.46) |
| Rate | −0.0042*** | −0.0035*** | −0.1111*** | 0.0588*** | −0.0930*** | 0.0595*** |
| | (−4.55) | (−3.77) | (−4.41) | (3.32) | (−5.15) | (4.63) |
| _Cons | 0.0921*** | 0.0915*** | 0.1133*** | 0.4955*** | 0.1041*** | 0.4570*** |
| | (57.12) | (51.93) | (8.70) | (3.73) | (8.88) | (4.29) |
| Industry | Yes | Yes | Yes | Yes | Yes | Yes |
| Year | Yes | Yes | Yes | Yes | Yes | Yes |
| N | 10120 | 10120 | 6650 | 6650 | 3470 | 3470 |
| $R^2$_a | 0.1009 | 0.1027 | 0.1918 | 0.1916 | 0.1145 | 0.1142 |

注：括号内为 $t$ 值，*、**、*** 分别表示在10%、5%、1%的显著性水平下显著。

表4-10　货币政策调整与企业金融化动机（基于规模实证结果的分组）

| 变量 | 全样本 | | "预防性储蓄动机" | | "逐利动机" | |
|------|--------|--------|--------|--------|--------|--------|
| | (1) | (2) | (3) | (4) | (5) | (6) |
| MPU | 0.0098*** | | 0.1022*** | | −0.1231*** | |
| | (5.65) | | (4.04) | | (−4.84) | |
| L−MPU | | 0.0062*** | | 0.0554*** | | −0.0686*** |
| | | (4.11) | | (3.92) | | (−4.78) |
| Size | 0.0177*** | 0.0153** | 0.1521*** | 0.1588*** | 0.0985*** | 0.1065*** |
| | (3.00) | (2.41) | (4.89) | (4.71) | (3.17) | (3.18) |
| Debt | 0.0348*** | 0.0357*** | 0.0109 | 0.0988 | −0.0231** | −0.0277** |
| | (8.00) | (7.58) | (1.02) | (0.88) | (−2.08) | (−2.30) |
| Cash | 0.0121** | 0.0187* | 0.0092 | 0.0104 | 0.0108 | 0.0146* |
| | (2.15) | (1.76) | (1.22) | (0.81) | (1.03) | (1.88) |
| Age | −0.0272*** | −0.0270*** | −0.0191 | −0.0172 | −0.0372*** | −0.0396** |
| | (−18.08) | (−15.87) | (−1.28) | (−0.99) | (−2.71) | (−2.37) |

续表

| 变量 | 全样本 | | "预防性储蓄动机" | | "逐利动机" | |
|---|---|---|---|---|---|---|
| | (1) | (2) | (3) | (4) | (5) | (6) |
| Gabi | 0.1237 *** | 0.1416 *** | 0.6370 * | 0.6981 * | 0.9705 ** | 0.1149 ** |
| | (4.65) | (4.92) | (1.90) | (1.95) | (2.42) | (2.58) |
| Roa | 0.0402 *** | -0.0296 * | 0.0752 *** | 0.0845 *** | 0.0992 *** | 0.1218 *** |
| | (2.79) | (-1.94) | (3.25) | (3.40) | (3.37) | (3.85) |
| Mag | -0.0011 | -0.0023 | -0.0012 | -0.0013 | 0.0002 | 0.0002 |
| | (-0.73) | (-1.35) | (-0.38) | (-0.39) | (0.06) | (0.05) |
| Tobin Q | 0.1568 *** | 0.1077 *** | 0.3292 *** | 0.3653 *** | 0.2366 * | 0.2442 * |
| | (3.89) | (2.59) | (3.86) | (3.95) | (1.81) | (1.71) |
| GDP | 0.0905 *** | 0.0974 *** | 0.0893 *** | 0.0926 *** | 0.0921 *** | 0.0921 *** |
| | (10.01) | (10.34) | (6.69) | (6.67) | (8.31) | (8.10) |
| Rate | -0.0042 *** | -0.0035 *** | -0.0849 *** | 0.0491 *** | -0.0769 *** | 0.0669 *** |
| | (-4.55) | (-3.77) | (-4.23) | (3.32) | (-5.13) | (4.64) |
| _Cons | 0.0921 *** | 0.0915 *** | 0.8907 *** | 0.3747 *** | 0.9384 *** | 0.4775 *** |
| | (57.12) | (51.93) | (7.76) | (3.30) | (8.92) | (4.04) |
| Industry | Yes | Yes | Yes | Yes | Yes | Yes |
| Year | Yes | Yes | Yes | Yes | Yes | Yes |
| N | 10120 | 10120 | 6420 | 6420 | 3700 | 3700 |
| $R^2$_a | 0.1009 | 0.1027 | 0.1053 | 0.1055 | 0.1953 | 0.1940 |

注：括号内为 $t$ 值，*、**、*** 分别表示在10%、5%、1%的显著性水平下显著。

# 第四节　进一步分析

为进一步检验企业金融化动机异质性条件下货币政策调整对企业金融化的影响，本节借鉴相关学者研究，从资产融资约束异质性和金融资产异质性两个角度对企业金融化的"预防性储蓄动机"和"逐利动机"进行了考察。

## 一、基于融资约束异质性的企业金融化动机分析

根据前文的实证结论，货币政策调整会通过融资约束渠道对企业投资产

生重要影响。货币政策调整不仅会扭曲商业银行可贷资金的分配，而且会使得银行放贷更加保守（Baum 等，2009）。而在我国当前的金融结构下，银行信贷仍是实体企业融资渠道的重要选择，中小民营企业仍存在歧视性融资约束问题。因此，货币政策调整上升导致的银行信贷缩减和信贷成本上升都会进一步加重实体企业的融资约束，且融资约束收紧的程度因企业规模和盈利能力而有所差异。其中，不受融资约束或程度较轻的企业，如国有企业或者大型企业依靠自身的政策优势或者规模优势，不仅能够获得银行信贷资金，且能够通过资本市场募集。而融资约束程度较大的企业，如民营中小企业等，因规模小、实力缺乏和经营不规范以及信息闭塞等诸多原因，无法通过正规的银行信贷渠道获得足够的资金。因此融资约束程度不同的企业金融化行为和动机也有所不同。对于融资约束较大的企业，彭俞超等（2018）认为这些企业难以通过外部融资渠道获取资金，为满足企业流动性需求，会倾向于持有金融资产以在面临财务压力时变现，满足企业投资经营活动所需，特别是在宏观不确定性程度较高时，用于降低财务弹性，对冲不确定性风险（王义中和宋敏，2014）。可见，融资约束较大的企业会出于"预防性储蓄动机"而持有金融资产，以避免企业陷入财务困境和破产风险（王红建等，2017）。对于融资约束较小的企业，韩珣等（2017）认为，国有或大型企业较易从银行和资本市场融的资金，充裕的资金以及金融市场的高额回报使他们有动机通过金融投资获利。特别是一些大企业利用融资优势，成为"融资平台"，他们以较低的成本借入资金，然后将资金借给融资受阻的小企业赚取利润，但在宏观经济不确定性上升时，由于金融系统风险上升，资产价格波动较大，以及企业可支配资金减少等，有"逐利动机"的企业会降低金融资产比例。可见，对于融资约束较强的企业，出于"预防性储蓄动机"持有流动性金融资产是较为理性的选择，而融资约束较强的企业，"逐利动机"更为强烈。因此，将样本企业按照融资约束程度分为较高组和较低组两个子样本，分别进行回归来观察货币政策调整对企业金融化动机的影响。

融资约束较大的企业出于"预防性储蓄动机"，结果如表4-11，第（1）列和第（2）列分别报告了融资约束较小组当期和滞后一期的货币政策调整对金融化的影响。可以发现，货币政策调整的回归系数皆在 1% 的统计水平上显著为正数，因而，对于融资约束较大的企业来说，企业具有较强动机持有流动性资产作为预防性储蓄，特别是在货币政策调整不确定性上升时，企业为防止其对企业经营和投资可能带来的负面影响，以及外部融资渠道的进一步收紧，可能更倾向于持有金融资产，以防范和规避不确定性风险，提升资产变现能力来保持流动性。

如果融资约束较小的企业更倾向于"逐利动机"的金融化，观察表 4-11 的第（3）列和第（4）列的货币政策调整回归系数，发现与融资约束较大的样本组结果正好相反。也就是说货币政策调整指数的上升对融资约束较小的企业来说，会抑制企业的金融化水平，由于货币政策调整指数上升所导致的金融资产价格波动，金融资产的流动性和收益性有所下降，收益的降低会促使企业降低金融资产持有水平。

## 二、基于金融资产异质性的企业金融化动机分析

由前文的研究结果可知，宏观经济不确定性因素会影响企业金融化行为，金融化动机不同，影响也有所不同。企业基于投资的宏观经济环境、财务管理以及融资环境等问题的考虑，会倾向于持有不同类别的金融资产（杨筝等，2017），而货币政策调整指数的高低会影响企业在流动性、期限结构和风险收益特征不同金融资产之间的配置（彭俞超等，2018）。如果企业金融化是出于"预防性储蓄动机"，为缓冲财务危机或者应对融资困境，企业会倾向于持有成本较低，较强流动性和较短期限的交易性金融资产（刘贯春等，2018），特别是在宏观不确定性影响和外部融资受阻增强时，其持有比例不断增加（黄贤环等，2018）。相反，如果企业金融化是出于"逐利动机"，特别是在宏观不确定性上升时，衍生金融资产和长期股权投资等长期性金融资产，对于企业实现价值保值和企业管理者自身收益最大化有重要作用（许罡和朱卫东，2017）。因此，通过金融资产类型识别企业金融化的主要动机来考察货币政策调整对金融化的影响也有一定参考意义。

借鉴许罡等（2017）、彭俞超（2018）和黄贤环等（2018）对短期金融

资产和长期金融资产的分类，首先，将交易性金融资产和衍生性金融资产归类为短期金融资产，并以持有此类金融资产代表企业出于"预防性储蓄动机"金融化。其次，将持有至到期投资、可供出售金融资产、长期股权投资以及投资性房地产归类为长期金融资产。并以持有此类金融资产代表企业出于"逐利"动机金融化。

表4-12报告了不同金融资产类别下货币政策调整对企业金融化的影响，其中第（1）列和第（2）列报告了当期和滞后一期的货币政策调整对短期金融资产的回归结果，第（3）列和第（4）列报告了当期与滞后一期的货币政策调整对长期金融资产的回归结果。

表4-11　货币政策调整与企业金融化动机（基于融资约束的分组）

| 变量 | "预防性储蓄动机"（融资约束较大） | | "逐利动机"（融资约束较小） | |
|---|---|---|---|---|
| | （1） | （2） | （3） | （4） |
| MPU | 0.1391 *** | | -0.0595 * | |
| | (5.43) | | (-1.86) | |
| L-MPU | | 0.0778 *** | | -0.0298 * |
| | | (5.37) | | (-1.67) |
| Debt | -0.1178 ** | -0.1419 *** | 0.1214 | 0.7160 |
| | (-1.99) | (-3.07) | (1.09) | (0.59) |
| Cash | 0.0319 *** | 0.0453 *** | 0.0582 *** | 0.0300 ** |
| | (3.35) | (3.50) | (2.69) | (2.31) |
| Size | 0.0942 *** | 0.1004 *** | 0.1258 *** | 0.1411 *** |
| | (3.28) | (3.18) | (4.12) | (4.43) |
| Age | -0.0299 * | -0.0320 * | -0.0347 ** | -0.0361 ** |
| | (-1.88) | (-1.72) | (-2.49) | (-2.21) |
| Gabi | 0.0141 *** | 0.0150 *** | 0.0380 | 0.0375 |
| | (4.46) | (4.29) | (0.94) | (0.85) |
| Roa | -0.0129 *** | -0.0141 *** | -0.0726 ** | -0.0923 *** |
| | (-5.27) | (-5.42) | (-2.47) | (-2.93) |
| Mag | -0.0049 | -0.0047 | 0.0023 | 0.0023 |
| | (-1.45) | (-1.29) | (0.75) | (0.67) |

续表

| 变量 | "预防性储蓄动机"（融资约束较大） | | "逐利动机"（融资约束较小） | |
|---|---|---|---|---|
| | （1） | （2） | （3） | （4） |
| Tobin Q | 0.0273 *** | 0.0281 ** | 0.0242 * | 0.0301 ** |
| | (2.65) | (2.54) | (1.91) | (2.26) |
| GDP | 0.1004 *** | 0.1022 *** | 0.0972 *** | 0.0973 *** |
| | (6.75) | (6.56) | (7.08) | (6.85) |
| Rate | −0.0117 *** | 0.0722 *** | −0.0560 ** | 0.0248 |
| | (−5.60) | (4.95) | (−2.24) | (1.29) |
| _Cons | 0.1178 *** | 0.4680 *** | 0.0884 *** | 0.0552 *** |
| | (9.55) | (4.03) | (6.73) | (4.56) |
| Industry | Yes | Yes | Yes | Yes |
| Year | Yes | Yes | Yes | Yes |
| N | 6201 | 6201 | 3919 | 3919 |
| $R^2$_a | 0.1357 | 0.1355 | 0.1450 | 0.1430 |

注：括号内为 $t$ 值，*、**、*** 分别表示在10%、5%、1%的显著性水平下显著。

表 4-12　货币政策调整与企业金融化动机（基于金融资产类别的分组）

| 变量 | "预防性储蓄动机"（短期金融资产） | | "逐利动机"（长期金融资产） | |
|---|---|---|---|---|
| | （1） | （2） | （3） | （4） |
| MPU | 0.3381 *** | | −0.3341 *** | |
| | (11.96) | | (−11.23) | |
| L-MPU | | 0.1875 *** | | −0.1843 *** |
| | | (11.96) | | (−11.13) |
| Debt | −0.1886 *** | −0.1820 *** | −0.2938 * | −0.2807 * |
| | (−3.39) | (−2.97) | (−1.94) | (−1.86) |
| Cash | 0.0195 * | 0.0158 | 0.0310 ** | 0.0434 *** |
| | (1.77) | (1.15) | (2.39) | (3.31) |
| Size | −0.0231 * | −0.0292 * | −0.1446 *** | −0.1463 *** |
| | (−1.67) | (−1.93) | (−3.53) | (−3.34) |
| Age | 0.0136 ** | 0.0155 * | 0.0499 *** | 0.0440 *** |
| | (1.97) | (1.91) | (4.61) | (3.97) |
| Gabi | 0.0246 | 0.0264 | −0.0129 *** | −0.0138 *** |
| | (1.50) | (1.49) | (−4.17) | (−4.04) |

| 变量 | "预防性储蓄动机"（短期金融资产） | | "逐利动机"（长期金融资产） | |
| --- | --- | --- | --- | --- |
| | (1) | (2) | (3) | (4) |
| Roa | −0.0213 *** | −0.0192 ** | −0.0193 *** | −0.0179 *** |
| | (−3.40) | (−2.17) | (−4.77) | (−3.68) |
| Mag | 0.0004 | 0.0001 | 0.0002 | 0.0006 |
| | (0.23) | (0.07) | (0.01) | (0.21) |
| Tobin Q | −0.0658 ** | −0.0878 * | −0.0597 ** | −0.0365 |
| | (−2.22) | (−1.87) | (−2.17) | (−0.33) |
| GDP | −0.0350 *** | −0.0271 *** | 0.0526 *** | 0.0434 *** |
| | (−9.49) | (−7.51) | (8.40) | (7.18) |
| Rate | −0.0247 *** | 0.0189 *** | 0.0238 *** | −0.0203 *** |
| | (−11.81) | (11.80) | (10.53) | (−11.76) |
| _Cons | 0.0932 *** | −0.0661 *** | −0.0581 *** | 0.1072 *** |
| | (10.46) | (−8.92) | (−3.82) | (8.30) |
| Industry | Yes | Yes | Yes | Yes |
| Year | Yes | Yes | Yes | Yes |
| N | 10120 | 10120 | 10120 | 10120 |
| $R^2\_a$ | 0.1377 | 0.1381 | 0.1494 | 0.1485 |

注：括号内为 $t$ 值，*、**、*** 分别表示在10%、5%、1%的显著性水平下显著。

如果企业出于"预防性储蓄动机"而持有短期金融资产，观察第（1）列和第（2）列的结果，发现货币政策调整的回归系数为显著为正，说明货币政策调整指数上升推高了企业对短期金融资产的持有水平。短期金融资产变现能力强，且具有一定的收益性，当外部不确定性上升时，企业持有短期金融资产，能够提高企业财务的柔性，防范流动性风险，对于缓解不确定性影响所造成的流动困境提供资金支持。可见，基于"预防性储蓄动机"的企业在面临外部不确定性时更倾向于配置短期金融资产。相反，出于"逐利动机"的企业，第（3）列和第（4）列货币政策调整的回归系数显著为负，说明，货币政策调整指数的上升抑制了企业持有长期金融资产的水平。"逐利动机"金融化的企业，目的追求高额的稳定收益，而政策不确定性上升，相当于货币紧缩，长期金融资产成本上升，收益不确定性增加，风险提高，且转换成本提高，此时企业倾向于减少持有长期金融资产。可见，货币政策调整指数上升，企业通过长期金融资产获利的能力可能下降，从而进一步加剧了不确定性对实体投资的影响。

# 本章小结

现有文献对企业金融化的动机研究要么归结为利润追逐，要么归结为风险规避。本章基于非金融上市公司的数据，通过多层因子交互效应模型，研究了不同规模和经营业绩、不同性质和行业的企业金融化驱动因素的异质性，并通过主成分分析迭代算法提取宏观因子，来检验实体企业对宏观经济不确定性因素的动态反应，且通过因子工具变量法（FIV）验证了本章模型的稳健性和分析结论的可靠性。

本章的主要结论为：（1）从企业经营业绩的分类来看，对于经营业绩较差的企业，规避风险是其金融化的主要驱动因素；对于经营业绩一般的企业，其金融化则受避险和逐利的双重因素驱动；对于经营业绩较好的企业，其金融化主要受经济政策不确定性和市场环境波动的影响。（2）从企业规模分类来看，对于中小型的非国有企业，其金融化的主要驱动因素是规避风险，国有企业则不具备这个特征；对于大型企业，除非制造业风险规避效应统计意义显著外，都没有数据显示企业层面的逐利和避险是驱使其增加对金融投资的原因。（3）通过模型估算的宏观影响因子，其总体趋势与宏观经济政策不确定性较为吻合，总的来说，实体企业固定资产投资风险增加和宏观经济不确定性的上升，主导了实体企业的金融化。（4）货币政策调整指数的上升推高了"预防性储蓄动机"金融化的上升，与之相反，货币政策调整指数的上升抑制了"逐利动机"金融化水平。

因而，要防止实体企业过度金融化，关键是降低经济政策的不确定性，保持宏微观经济环境的稳定性，同时要针对不同类型企业金融化驱动因素的差异性特征，分类施策，"对症下药"。对于业绩较差或规模较小的企业，特别是中小民营企业，要从根本上消除信贷歧视，拓展企业合法融资途径；加大制造业企业中长期贷款支持力度，提高实体投资回报率，释放固定资产投资活力；对于业绩较好的大中型企业，稳健的宏观经济环境更有助于企业实施长远实业投资战略；同时，应加强对实体企业非经营性金融投资活动的监管，防止金融与实业风险交叉渗透。企业投资决策者也应认识到外部经济环境的不确定性给其金融投资行为带来的影响，权衡风险和收益，特别是在中国经济遭遇困境的重大变局下，既要避免"急功近利"的惯性思维，也要增强风险防范意识。只有这样才能更好引导实体经济配置合理和高效的资产投资组合，进而促进资源的优化配置和实体经济的健康发展。

# 第五章 货币政策调整、企业金融化
## 与实体投资

上一章对企业金融化的动机进行了分析，总的来说，宏观环境的不确定性和企业实体投资风险的增加，主导了实体企业的金融化。但具体来看，不同类型的企业金融化主要有"预防性储蓄"和"逐利"两种动机，上一章已根据动机识别的实证结果对两种动机的金融化进行了分类，并分析了货币政策调整对不同类型企业金融化水平的影响。在此基础上，需要思考的问题是：企业金融化在货币政策调整与实体投资关系中的调节效应如何？"预防性储蓄"动机金融化会减弱货币政策调整对实体企业投资的影响吗？而"逐利"动机的金融化会进一步加剧货币政策调整的影响效应吗？企业金融化如何通过实物期权、外部融资和内部融资等渠道发挥调节作用？不同规模和业绩、不同性质和行业的企业会存在明显的差异性吗？基于此，本章以2011—2020年沪深非金融上市公司为样本，实证检验了企业金融化在货币政策调整影响实体投资中的调节作用，并检验了不同动机类别下企业金融化调节作用的异质性，此外，检验了企业金融化发挥调节效应的渠道，并进行了不同类别企业的异质性分析。

## 第一节 研究设计

### 一、样本选择和数据来源

选取2011—2020年沪深两市A股非金融上市公司的年度数据［数据主要

来源于万得（Wind）数据库和国泰安（CSMAR）数据库]。在进行样本选择时，对数据进行了如下处理：第一，剔除了泛金融行业（FIRE），包括传统金融行业（银行与证券）、保险业与房地产业的上市公司；第二，剔除了样本期内财务数据缺失的企业；第三，剔除已退市、特别处理（ST）类和特别转让（PT）类企业；第四，剔除极端异常值，且选择因变量至少具有连续三年观测值的样本，为消除离群值和异常值的影响，本章对数据在1%和99%分位进行了缩尾处理。

## 二、变量定义

被解释变量：企业实体投资率（Invest）。参考靳庆鲁等（2012）、张成思和张步昙（2016）的研究，将该指标定义为企业投资于固定资产、无形资产和其他长期资产的现金之和除以总资产。

核心解释变量：货币政策调整（MPU）。

调节变量：企业金融化（Ratio）为金融渠道获利占比。

中介变量：选取资产不可逆程度（IR）、企业信贷可得性（Bankloan）和企业内部现金持有水平（CashD）三个指标。其中实物期权渠道选取的量化指标为资产不可逆程度。其度量参考喻坤（2014）和柳明花（2020）的研究，用固定资产/期初总资产表示。对于企业外部融资参考何德旭等（2020）和李小林等（2021）的研究，用企业信贷可得性水平表示，计算公式为：（长期借款+短期借款增量）/年初总资产；对于企业内部融资参照杨兴全和尹兴强（2015）的研究，用企业内部现金持有水平表示，计算公式为：（货币资金变化额+短期投资变化额）/期初总资产。

控制变量包括微观指标和宏观指标。微观指标：资产负债率（Debt），用企业总负债与总资产之比表示；现金流（Cash），用企业经营性现金净流量与营业收入之比表示；公司规模（Size），用剔除价格因素的总资产表示；企业年龄（Age），从企业成立时间计算到样本期；企业成长能力（Gabi），用企业主营业务收入增长率表示；治理因素（Mag），若公司董事长与总经理为同一人，则取1，否则取0；Tobin Q用市值与总资产的比值表示。宏观指标：经济发展水平 GDP，用剔除价格因素后的 GDP 增速表示；利率 Rate，用中长期贷款利率水平表示。

## 三、模型设计

### (一) 主回归模型

为检验货币政策调整、企业金融化与实体投资的关系，将企业金融化作为调节变量，把企业金融化和货币政策调整以交乘项的形式纳入模型。在货币政策调整影响实体投资的基础上，分析企业金融化的调节效应。构建模型如下：

$$Invest_{it} = \alpha_0 + \alpha_1 MPU_t + \alpha_2 MPU_t \times Ratio_{it} + \alpha_3 Ratio + \Phi CVs_{it} + \mu_i + \varepsilon_{it}$$

$$(5-1)$$

其中，$Invest_{it}$ 表示企业固定资产投资率，$MPU$ 为货币政策调整，$Ratio$ 为企业金融化程度，$CVs_{it}$ 为影响企业投资的其他外生控制变量控制变量。$\mu_i$ 为企业个体效应，$\varepsilon_{it}$ 为模型随机误差项，$i$ 表示单个企业，$t$ 表示时间，$\Phi$ 表示控制变量的系数向量。

考虑到不同企业金融化动机的差异性特征，根据第四章中对企业金融化动机的分类[①]，即"预防性储蓄"动机的金融化（Ratio1）和"逐利动机"的金融化（Ratio2），将不同类别的金融化与货币政策调整以交乘项形式引入模型，分析不同企业金融化动机在货币政策调整抑制实体投资中的调节作用。构建模型如下：

$$Invest_{it} = \alpha_0 + \alpha_1 MPU_t + \alpha_2 MPU_t \times Ratio1_{it} + \alpha_3 Ratio + \Phi CVs_{it} + \mu_i + \varepsilon_{it}$$

$$(5-2)$$

$$Invest_{it} = \alpha_0 + \alpha_1 MPU_t + \alpha_2 MPU_t \times Ratio2_{it} + \alpha_3 Ratio + \Phi CVs_{it} + \mu_i + \varepsilon_{it}$$

$$(5-3)$$

结合主效应和调节效应的影响关系，金融化的调节效应如表5-1所示。

---

① 分类标准见第四章第三节。

表 5-1　货币政策调整、企业金融化与实体投资关系分析

| 主效应符号 | 交乘项符号 | 调节变量符号 | 效应分析 |
|---|---|---|---|
| 货币政策调整对实体投资有显著的负向抑制效应，即主效应符号显著为负 | 交乘项 MPU×Ratio 显著为正 | Ratio 显著为正 | 如果交乘项的回归系数显著为正，则表明调节变量金融化弱化了货币政策调整对实体投资的负面影响。即企业金融化对货币政策调整与实体投资间的关系具有显著的抑制作用 |
| | | Ratio 显著为负 | 需要注意的是，如果调节变量金融化的系数显著为负，综合来看，在抑制实体投资的关系中，货币政策调整与企业金融化之间存在此消彼长的关系，也就是替代关系 |
| | 交乘项 MPU×Ratio 显著为负 | Ratio 显著为正 Ratio 显著为负 | 如果交乘项的回归系数显著为负，则表明调节变量金融化强化了货币政策调整对实体投资的负面影响。即企业金融化对货币政策调整对实体投资的抑制关系有显著的强化作用 |

## （二）影响渠道检验——有调节的中介效应检验

为进一步了解企业金融化发挥调节效应的作用渠道，本章通过固定资产投资风险、外部信贷可得性和内部现金流持有三个渠道来检验金融化在货币政策调整与实体投资关系中的调节作用，构建模型检验核心变量金融化与货币政策调整交乘项的作用渠道。

根据温忠麟和叶宝娟（2014）提出的中介效应检验流程，并参考江艇（2022）对于中介效应模型的观点以及案例分析，设立模型：

$$Invest_{it} = \alpha_0 + \alpha_1 MPU_t + \alpha_2 MPU_t \times Ratio_{it} + \alpha_3 Ratio + \Phi CVs_{it} + \mu_i + \varepsilon_{it}$$

$$(5\text{-}4)$$

$$MV_{it} = \beta_0 + \beta_1 MPU_t + \beta_2 MPU_t \times Ratio_{it} + \beta_3 Ratio + \Phi CVs_{it} + \mu_i + \varepsilon_{it}$$

$$(5\text{-}5)$$

$$Invest_{it} = \delta_0 + \delta_1 MPU_t + \delta_2 MPU_t \times Ratio_{it} + \delta_3 Ratio + \delta_4 MV_{it} + \Phi CVs_{it} + \mu_i + \varepsilon_{it}$$

$$(5-6)$$

其中，$MV_{it}$ 表示中介变量，包括资产可逆程度（IR）、外部信贷可得性（Bank-loan）和内部现金流水平（CashD）。

式（5-4）用以检验金融化的调节作用，若 $MPU \times Ratio$ 的系数 $\alpha_2$ 显著，则可以用模型（5-5）检验 $MPU \times Ratio$ 对中介变量 $MV_{it}$ 的影响，若系数 $\beta_2$ 显著，则用模型（5-6）同时纳入 $MPU \times Ratio$ 和 $MV_{it}$ 进行回归，若系数 $\delta_2$ 和系数 $\delta_4$ 均显著，则为部分中介效应，若系数 $\delta_4$ 不显著，则中介效应不成立。

# 第二节　实证结果分析

## 一、货币政策调整、企业金融化与实体投资

表 5-2 第（1）列和第（2）列分别报告了当期（MPU）和滞后一期（L-MPU）的货币政策调整对实体投资的影响，可以看出，当期和滞后一期的货币政策调整与实体投资均显著负相关，说明了货币政策调整对实体投资的负面影响，且这种负面影响保持了连续性。进一步考察企业金融化与货币政策调整在影响实体投资关系中的调节效应，即第（3）列和第（4）列分别为纳入了当期和滞后一期货币政策调整与金融化交乘项的估计结果。$MPU \times Ratio$ 的系数均在 1% 的统计水平上显著为正，这意味着，当企业金融化水平提高时，货币政策调整对实体投资的负相关关系被减弱，但此时金融化的回归系数显著为负，综合来看，在抑制实体投资的关系中，货币政策调整与企业金融化间存在此消彼长的关系，即替代关系。因此，在关注企业金融获利占比的增加能够弱化货币政策调整对实体投资的影响效应的同时，也应关注企业金融化与货币政策调整在抑制实体投资中的替代关系。

表 5-2 货币政策调整、企业金融化与实体投资的回归结果

| 变量 | Invest | | | |
|---|---|---|---|---|
| | （1） | （2） | （3） | （4） |
| MPU | -0.0498 *** | | -0.0104 *** | |
| | （-7.51） | | （-9.31） | |
| L-MPU | | -0.0278 *** | | -0.0122 ** |
| | | （-7.54） | | （-2.40） |
| MPU×Ratio | | | 0.0575 *** | |
| | | | （5.74） | |
| L-MPU×Ratio | | | | 0.0546 *** |
| | | | | （6.17） |
| Ratio | | | -0.0461 *** | -0.0421 *** |
| | | | （-4.10） | （-3.81） |
| Debt | -0.0587 *** | -0.0788 ** | -0.0701 ** | -0.1297 *** |
| | （-5.17） | （-4.22） | （-2.20） | （-5.49） |
| Cash | 0.0583 ** | 0.0302 | 0.0981 *** | -0.0897 |
| | （2.33） | （0.64） | （3.06） | （-0.14） |
| Size | 0.0486 *** | 0.0485 *** | 0.0474 *** | 0.0252 *** |
| | （4.51） | （4.36） | （4.40） | （4.81） |
| Age | -0.0130 *** | -0.0116 *** | -0.0108 *** | -0.0038 ** |
| | （-4.14） | （-3.63） | （-3.37） | （-2.41） |
| Gabi | 0.1145 | 0.0884 ** | 0.0891 | 0.1569 * |
| | （1.34） | （2.68） | （1.04） | （1.73） |
| Roa | 0.2358 *** | 0.2333 *** | 0.2538 *** | 0.2475 *** |
| | （4.09） | （3.97） | （4.33） | （4.59） |
| Mag | 0.0012 | 0.0012 ** | 0.0010 | 0.0015 * |
| | （1.36） | （2.46） | （1.20） | （1.84） |
| Tobin Q | 0.0562 ** | 0.0457 | 0.0555 ** | 0.0244 |
| | （2.04） | （1.60） | （2.02） | （1.05） |
| GDP | 0.0393 *** | 0.0399 *** | 0.0391 *** | 0.0391 *** |
| | （19.09） | （19.22） | （18.33） | （20.85） |
| Rate | 0.0481 *** | -0.0129 *** | 0.0491 *** | -0.0132 *** |
| | （9.47） | （-4.80） | （9.63） | （-4.92） |
| _Cons | -0.2132 *** | 0.0017 | -0.1782 *** | 0.0721 *** |
| | （-5.91） | （0.06） | （-4.75） | （3.93） |

续表

| 变量 | Invest | | | |
|---|---|---|---|---|
| | (1) | (2) | (3) | (4) |
| Industry | Yes | Yes | Yes | Yes |
| Year | Yes | Yes | Yes | Yes |
| N | 10120 | 9108 | 10120 | 9108 |
| $R^2\_a$ | 0.1327 | 0.1254 | 0.1381 | 0.1279 |

注：括号内为 $t$ 值。* 表示 10% 显著，** 表示 5% 显著，*** 表示 1% 显著。

## 二、货币政策调整、企业金融化动机异质性与实体投资

为验证企业不同动机金融化在货币政策调整对实体投资影响的调节效应，本章根据第四章的实证结果将样本企业分为"预防性储蓄动机"金融化和"逐利动机"金融化两个类别，且将企业金融化动机基于上一章中规模分类和经营业绩分类的实证结果分别进行回归，以保证结果的稳健性。回归结果如表 5-2 和表 5-3 所示。

基于"预防性储蓄动机"的金融化：表 5-3 与表 5-4 中的第（1）列和第（3）列、第（2）列和第（4）列分别报告了当期和滞后一期的货币政策调整指数及其与金融化交互项的回归结果。MPU 的回归系数显著为负，其与实体投资率为负面抑制关系。而 MPU 与金融化的交互项回归系数在 1% 的统计水平上显著为正，说明企业出于"预防性储蓄动机"的金融化能够缓解货币政策调整对实体投资的影响，当货币政策调整指数升高时，企业为了应对未来可能的现金短缺和市场需求环境的预期偏差，通过持有金融资产获取流动性储备，以减少和预防由外部不确定性风险影响导致的资金链断裂对企业投资和生产经营活动的负面结果。但同样需要关注的是，金融化的回归系数显著为负，在抑制企业实体投资的关系中，金融化与货币政策调整存在替代关系，在促进实体投资发展过程中，既需要关注企业金融化发挥的调节宏观不确定性的作用，也应关注企业金融化与实体投资的关系。企业金融化动机的两类分组以及滞后一期的货币政策调整回归结果均证明了以上结论。

表 5-3　企业金融化动机异质性的回归结果（基于经营业绩回归结果的分组）

| 变量 | Invest ("预防性储蓄动机" 的金融化) | | | | Invest ("逐利动机" 的金融化) | | | |
|---|---|---|---|---|---|---|---|---|
| | (1) | (2) | (3) | (4) | (5) | (6) | (7) | (8) |
| MPU | -0.0725 *** (-6.14) | | -0.0441 *** (-6.18) | | -0.0384 *** (-4.83) | | -0.0884 *** (-6.91) | |
| L-MPU | | -0.0407 *** (-6.28) | | -0.0159 (-0.87) | | -0.0213 *** (-4.79) | | -0.0369 (-1.48) |
| MPU×Ratio | | | 0.0748 *** (3.57) | | | | -0.0510 *** (-4.52) | |
| L-MPU×Ratio | | | | 0.0601 *** (3.34) | | | | -0.0427 *** (-3.82) |
| Ratio | | | -0.0812 *** (-3.66) | -0.0703 *** (-3.58) | | | -0.0295 ** (-2.24) | -0.0255 * (-1.92) |
| Debt | -0.0501 *** (-4.00) | -0.0217 *** (-3.43) | -0.0499 ** (-2.41) | -0.0210 *** (-3.42) | 0.0197 (0.42) | 0.0227 (0.46) | 0.0155 (0.33) | 0.0181 (0.36) |
| Cash | 0.0507 (1.10) | 0.0772 ** (2.42) | 0.0397 (0.56) | 0.0192 (0.51) | 0.0881 *** (2.74) | 0.0343 (1.03) | 0.0805 ** (2.11) | 0.0481 (0.76) |
| Size | 0.0253 * (1.68) | 0.0246 (1.60) | 0.0253 * (1.66) | 0.0249 (1.60) | 0.0623 *** (4.27) | 0.0636 *** (4.22) | 0.0610 *** (4.20) | 0.0622 *** (4.16) |
| Age | -0.0085 * (-1.75) | -0.0063 (-1.46) | -0.0071 (-1.46) | -0.0056 (-1.27) | -0.0158 *** (-3.88) | -0.0149 *** (-3.41) | -0.0133 *** (-3.19) | -0.0129 *** (-2.90) |

续表

| 变量 | Invest ("预防性储蓄动机" 的金融化) | | | | Invest ("逐利动机" 的金融化) | | | |
|---|---|---|---|---|---|---|---|---|
| | (1) | (2) | (3) | (4) | (5) | (6) | (7) | (8) |
| Gabi | 0.1304 | 0.0610 | 0.1141 | 0.0563 | 0.1121 | 0.1132 | 0.0796 | 0.0893 |
| | (1.04) | (0.45) | (0.91) | (0.42) | (0.98) | (0.94) | (0.69) | (0.73) |
| Roa | 0.2077*** | 0.2039*** | 0.1992*** | 0.1870** | 0.2782*** | 0.2801*** | 0.3076*** | 0.2983*** |
| | (2.77) | (2.74) | (2.61) | (2.47) | (3.30) | (3.21) | (3.61) | (3.37) |
| Mag | 0.0024* | 0.0026** | 0.0022* | 0.0024** | 0.0003 | 0.0002 | 0.0002 | 0.0001 |
| | (1.86) | (2.11) | (1.74) | (2.00) | (0.22) | (0.20) | (0.15) | (0.10) |
| Tobin Q | 0.0440 | 0.0316 | 0.0430 | 0.0349 | 0.0604* | 0.0492 | 0.0583 | 0.0473 |
| | (1.07) | (0.75) | (1.07) | (0.85) | (1.69) | (1.32) | (1.63) | (1.26) |
| GDP | 0.0330*** | 0.0338*** | 0.0305*** | 0.0316*** | 0.0427*** | 0.0432*** | 0.0439*** | 0.0440*** |
| | (10.12) | (10.51) | (9.23) | (9.70) | (16.13) | (16.01) | (15.76) | (15.74) |
| Rate | -0.0641*** | -0.0415*** | 0.0627*** | -0.0413*** | -0.0401*** | -0.0184*** | -0.0424*** | -0.0195*** |
| | (-7.21) | (-5.57) | (7.03) | (-5.56) | (-6.51) | (-3.61) | (-6.81) | (-3.83) |
| _Cons | -0.2311*** | 0.1622*** | -0.1550*** | 0.2228*** | -0.2086*** | 0.0099 | -0.0496 | 0.1567*** |
| | (-4.19) | (3.41) | (-2.62) | (4.34) | (-4.36) | (0.23) | (-0.79) | (2.78) |
| Industry | Yes | Yes | Yes | Yes | Yes | Yes | Yes | Yes |
| Year | Yes | Yes | Yes | Yes | Yes | Yes | Yes | Yes |
| N | 6650 | 5985 | 6650 | 5985 | 3470 | 3123 | 3470 | 3123 |
| $R^2\_a$ | 0.1209 | 0.1056 | 0.1270 | 0.1104 | 0.1416 | 0.1382 | 0.1483 | 0.1436 |

注: 括号内为 $t$ 值, *、**、*** 分别表示在 10%、5%、1% 的显著性水平下显著。

表 5-4　企业金融化动机异质性的回归结果（基于规模回归结果的分组）

| 变量 | Invest（"预防性储蓄动机" 的金融化） | | | | Invest（"逐利动机" 的金融化） | | | |
|---|---|---|---|---|---|---|---|---|
| | (1) | (2) | (3) | (4) | (5) | (6) | (7) | (8) |
| MPU | -0.0317*** (-3.20) | | -0.0190*** (-5.30) | | -0.0684*** (-8.19) | | -0.1293*** (-7.42) | |
| L-MPU | | -0.0178*** (-3.23) | | -0.0129** (-2.02) | | -0.0383*** (-8.34) | | -0.0423 (-0.15) |
| MPU×Ratio | | | 0.0497*** (3.97) | | | | -0.0636*** (-3.87) | |
| L-MPU×Ratio | | | | 0.0477*** (3.92) | | | | -0.0396** (-2.54) |
| Ratio | | | -0.0413*** (-2.73) | -0.0426*** (-2.87) | | | -0.0477*** (-2.79) | -0.0283* (-1.69) |
| Debt | -0.0351*** (-4.08) | -0.0174*** (-4.04) | -0.0369*** (-3.08) | -0.0290*** (-3.96) | -0.0557*** (-5.10) | 0.0266 (0.47) | -0.0707*** (-3.13) | 0.0274 (0.49) |
| Cash | 0.0319*** (3.35) | -0.0197 (-0.99) | 0.0453*** (3.50) | -0.0154 (-0.98) | 0.0582*** (2.69) | -0.0300** (-2.31) | 0.0195 (1.27) | -0.0158 (-1.15) |
| Size | 0.0286** (2.13) | 0.0236* (1.69) | 0.0284** (2.15) | 0.0235* (1.72) | 0.0702*** (4.32) | 0.0741*** (4.50) | 0.0671*** (4.08) | 0.0717*** (4.31) |
| Age | -0.0196*** (-3.80) | -0.0167*** (-3.22) | -0.0176*** (-3.37) | -0.0149*** (-2.84) | -0.0065* (-1.66) | -0.0065 (-1.64) | -0.0042 (-1.06) | -0.0050 (-1.26) |

续表

| 变量 | Invest（"预防性储蓄动机"的金融化） | | | | Invest（"逐利动机"的金融化） | | | |
|---|---|---|---|---|---|---|---|---|
| | (1) | (2) | (3) | (4) | (5) | (6) | (7) | (8) |
| Gabi | 0.0242 (0.23) | 0.0014 (0.01) | 0.0004 (0.00) | -0.0066 (-0.06) | 0.2495* (1.73) | 0.2111 (1.43) | 0.2244 (1.55) | 0.1879 (1.26) |
| Roa | 0.2781*** (3.92) | 0.2768*** (3.77) | 0.2943*** (4.08) | 0.2803*** (3.74) | 0.1564 (1.63) | 0.1515 (1.58) | 0.1788* (1.84) | 0.1687* (1.72) |
| Mag | -0.0003 (-0.26) | 0.0002 (0.16) | -0.0004 (-0.36) | -0.0000 (-0.02) | 0.0026** (2.14) | 0.0021* (1.81) | 0.0024** (1.99) | 0.0021* (1.73) |
| Tobin Q | 0.0231 (0.70) | 0.0061 (0.18) | 0.0254 (0.78) | 0.0101 (0.29) | 0.0896* (1.91) | 0.0895* (1.88) | 0.0833* (1.81) | 0.0855* (1.83) |
| GDP | 0.0437*** (14.22) | 0.0438*** (14.01) | 0.0433*** (13.73) | 0.0432*** (13.58) | 0.0347*** (12.78) | 0.0360*** (13.31) | 0.0351*** (12.25) | 0.0367*** (12.87) |
| Rate | -0.0328*** (-4.29) | -0.0172*** (-2.79) | -0.0338*** (-4.43) | -0.0176*** (-2.86) | -0.0643*** (-10.15) | -0.0350*** (-6.41) | -0.0654*** (-10.16) | -0.0360*** (-6.54) |
| _Cons | -0.0874* (-1.74) | 0.1077** (2.41) | -0.0585 (-1.13) | 0.1434*** (3.18) | -0.3495*** (-7.00) | 0.0154 (0.34) | -0.1285 (-1.63) | 0.1602** (2.14) |
| Industry | Yes | Yes | Yes | Yes | Yes | Yes | Yes | Yes |
| Year | Yes | Yes | Yes | Yes | Yes | Yes | Yes | Yes |
| N | 5420 | 5878 | 5420 | 5878 | 3700 | 3230 | 3700 | 3230 |
| $R^2\_a$ | 0.1258 | 0.1199 | 0.1302 | 0.1242 | 0.1487 | 0.1410 | 0.1542 | 0.1436 |

注：括号内为 $t$ 值，*、**、*** 分别表示在 10%、5%、1% 的显著性水平下显著。

基于"逐利动机"的金融化：表5-3和表5-4中的第（5）列和第（7）列、第（6）列和第（8）列分别报告了当期和滞后一期的货币政策调整指数及其与金融化交乘项的回归结果。MPU的回归系数显著为负，其与实体投资率为负面抑制关系。而货币政策调整与金融化的交互项回归系数在1%的统计水平上显著为负，该结果与"预防性储蓄"动机的回归结果相反。说明企业出于"逐利动机"的金融化不仅未能缓解货币政策调整对实体投资的影响效应，反而一定程度上加剧了这种负面效应。对于企业来说，货币政策调整指数的上升不仅会引起金融市场的风险波动，也会提高投资者的融资成本和风险溢价水平，从而导致企业的金融投资收益降低，企业也会减少金融投资支出（陈国进和王少谦，2016）。此外，货币政策调整指数的上升会干扰银行的信贷规模和配给，银行的惜贷行为会进一步加剧企业的融资约束程度，导致企业减少金融投资支出，降低金融投资收益。可见，出于"逐利动机"的金融化不仅未能缓冲或者降低货币政策调整带来的负面影响效应，反而由于金融收益的减少和融资约束的收紧而进一步加剧了其对企业实体投资活动的制约。同样，金融化动机的两类分组以及滞后一期的货币政策调整回归结果均证明了以上结论。

## 三、作用渠道检验

### （一）实物期权渠道

表5-5展示了实物期权渠道的检验结果。其中第（1）列和第（2）列是当期货币政策调整的检验结果。观察MPU×Ratio的系数发现，其系数均统计意义显著，且在对资产不可逆回归中，系数为负，说明货币政策调整指数越高，企业的实物期权价值越大，也就是说拥有不可逆投资越多的企业推迟投资的动机越大，蒙受的损失也更多。观察第（2）列，将资产不可逆指标纳入模型后MPU×Ratio的系数显著为正，说明金融获利水平的上升，能够一定程度上填补因货币政策调整指数上升所导致不可逆资产投资延迟或停滞而产生的风险和损失，降低企业面临不确定性的等待期权价值。第（3）列和第（4）列

是滞后一期的货币政策调整的检验结果，其结果与上述内容一致。由此可见，企业融化会通过实物期权渠道影响货币政策调整对实体投资的抑制效应。

## （二）外部融资渠道

表5-6展示了外部信贷可得性渠道的检验结果。其中第（1）列和第（2）列是当期货币政策调整的检验结果，观察第（1）列结果发现，货币政策调指数显著为负，说明货币政策调整指数的上升会对信贷供给产生影响，货币政策调整指数越高，企业的信贷可得性水平越低。观察第（2）列，货币政策调整指数显著为负，且MPU×Ratio和Bankloan的系数均在1%的统计水平上显著为正，说明企业金融化水平的提高，能够一定程度上缓解货币政策调整不确定性给企业带来的融资约束问题，从而降低不确定性对实体投资率的负面抑制效应。企业金融渠道获利水平的上升，一定程度上弥补了企业外部信贷可得性的降低，缓解了企业外部融资约束，弱化了货币政策调整对实体投资的影响作用。第（3）列和第（4）列是滞后一期的货币政策调整的检验结果，与当期回归结果基本一致，由此可见，企业金融化会通过企业信贷可得性渠道影响货币政策调整对实体投资的负面抑制效应。

## （三）内部融资渠道

表5-7展示了企业内部现金持有渠道的检验结果。其中第（1）列和第（2）列是当期货币政策调整指数的回归结果，观察第（1）列结果，货币政策调整指数显著为负，而MPU×Ratio的系数在1%的统计水平上显著为正，说明企业金融收益水平越高，企业内部现金流越充裕，企业的融资自由度越大，第（2）列在纳入企业现金持有指标后结果显示，现金流的增加对推动企业投资起到积极作用，MPU×Ratio的系数显著为正，说明，企业金融渠道获利水平的上升，降低了实体投资对内部现金流的敏感性，从而减弱货币政策调整对实体投资的影响。第（3）列和第（4）列是滞后一期的货币政策调整指数的回归结果，与当期回归结果基本一致。由此可见，企业金融化会通过企业内部现金渠道影响货币政策调整对实体投资的抑制效应。

表 5-5 实物期权渠道检验

| 变量 | IR (1) | Invest (2) | IR (3) | Invest (4) |
|---|---|---|---|---|
| MPU | 0.0125 *** (6.84) | -0.0490 *** (-7.37) | | |
| MPU×Ratio | -0.0270 *** (-4.36) | 0.0934 *** (2.58) | | |
| L-MPU | | | 0.0564 *** (5.39) | -0.0274 *** (-7.41) |
| L-MPU×Ratio | | | -0.0302 *** (-4.47) | 0.0868 ** (2.32) |
| IR | | -0.0325 *** (-3.26) | | -0.0385 ** (-4.17) |
| Ratio | 0.0216 (0.38) | -0.015 *** (-5.14) | 0.0227 (1.12) | -0.0230 *** (-3.28) |
| Debt | -0.0587 (-0.17) | 0.4804 ** (2.27) | -0.1036 (-0.31) | -0.0587 (-0.17) |
| Cash | 0.2799 * (1.93) | 0.0609 ** (2.20) | 0.0562 ** (2.04) | 0.1188 (1.15) |
| Size | 0.0486 *** (4.51) | 0.0133 * (1.69) | 0.0473 *** (4.56) | 0.0486 *** (4.51) |
| Age | -0.0130 *** (-4.14) | 0.0030 * (1.91) | -0.0133 *** (-4.29) | -0.0130 *** (-4.14) |
| Gabi | 0.1145 (1.34) | 0.4387 *** (7.31) | 0.0735 (0.85) | 0.1145 (1.34) |
| Roa | 0.2358 *** (4.09) | 0.0407 (1.11) | 0.2320 *** (4.04) | 0.2358 *** (4.09) |
| Mag | 0.0012 (1.36) | 0.0002 (0.34) | 0.0012 (1.35) | 0.0012 (1.36) |
| Tobin Q | 0.0562 ** (2.04) | 0.0224 (1.47) | 0.0541 ** (1.98) | 0.0562 ** (2.04) |
| GDP | 0.0393 *** (19.09) | 0.0196 ** (2.46) | 0.0395 *** (19.26) | 0.0393 *** (19.09) |

续表

| 变量 | IR (1) | Invest (2) | IR (3) | Invest (4) |
|---|---|---|---|---|
| Rate | 0.0481 *** (9.47) | 0.0089 *** (2.96) | 0.0473 *** (9.27) | 0.0481 *** (9.47) |
| _Cons | −0.2132 *** (−5.91) | −0.0546 ** (−2.39) | −0.2082 *** (−5.88) | −0.2132 *** (−5.91) |
| Industry | Yes | Yes | Yes | Yes |
| Year | Yes | Yes | Yes | Yes |
| N | 10120 | 10120 | 9108 | 9108 |
| $R^2\_a$ | 0.1269 | 0.1394 | 0.1695 | 0.1304 |

注：括号内为 $t$ 值，*、**、*** 分别表示在10%、5%、1%的显著性水平下显著。

表5-6 外部融资渠道检验

| 变量 | Bankloan (1) | Invest (2) | Bankloan (3) | Invest (4) |
|---|---|---|---|---|
| MPU | −0.0248 *** (−4.32) | −0.0766 *** (−8.56) | | |
| MPU×Ratio | 0.0112 *** (2.89) | 0.0539 *** (5.43) | | |
| L-MPU | | | −0.0708 * (−1.83) | −0.0161 * (−1.65) |
| L-MPU×Ratio | | | 0.0854 ** (2.08) | 0.0455 *** (4.79) |
| Ratio | −0.1154 *** (−2.69) | −0.0424 *** (−3.79) | −0.0925 * (−1.96) | −0.0379 *** (−3.46) |
| Bankloan | | 0.0322 *** (11.53) | | 0.0289 *** (10.43) |
| Size | 0.2588 *** (7.92) | 0.0391 *** (3.72) | 0.2882 *** (7.70) | 0.0391 *** (3.62) |
| Cash | 0.2049 (0.13) | 0.4775 (0.44) | 0.2024 (1.34) | 0.1615 * (1.77) |
| Age | −0.0368 *** (−3.55) | −0.0096 *** (−3.08) | −0.0337 *** (−2.98) | −0.0089 *** (−2.80) |

续表

| 变量 | Bankloan (1) | Invest (2) | Bankloan (3) | Invest (4) |
|---|---|---|---|---|
| Gabi | 0.3555 *** (7.16) | -0.0253 (-0.30) | 0.3751 *** (7.30) | -0.0313 (-0.34) |
| Roa | -0.3789 (-1.39) | 0.2660 *** (4.67) | -0.3406 (-1.22) | 0.2503 *** (4.27) |
| Mag | -0.0020 (-0.01) | 0.0010 (1.22) | 0.0006 (0.16) | 0.0011 (1.31) |
| Tobin Q | 0.1238 (1.20) | 0.0515 * (1.90) | 0.0950 (0.91) | 0.0439 (1.57) |
| GDP | -0.0259 (-0.33) | -0.3905 *** (-18.58) | 0.0211 (0.18) | -0.3970 *** (-18.81) |
| Rate | -0.1151 *** (-3.40) | 0.0454 *** (8.84) | -0.0002 (-0.04) | -0.0119 *** (-4.39) |
| _Cons | -0.8430 *** (-5.40) | -0.1511 *** (-4.09) | 0.4349 (0.99) | 0.0486 (1.63) |
| Industry | Yes | Yes | Yes | Yes |
| Year | Yes | Yes | Yes | Yes |
| N | 10120 | 10120 | 9108 | 9108 |
| $R^2$_a | 0.1650 | 0.1598 | 0.1619 | 0.1481 |

注：括号内为 $t$ 值，*、**、*** 分别表示在10%、5%、1%的显著性水平下显著。

表5-7 内部融资渠道检验

| 变量 | CashD (1) | Invest (2) | CashD (3) | Invest (4) |
|---|---|---|---|---|
| MPU | -0.0243 *** (-6.13) | -0.0152 *** (-9.26) | | |
| MPU×Ratio | 0.0293 *** (6.83) | 0.0650 *** (6.42) | | |
| L-MPU | | | -0.0598 *** (-9.30) | -0.0263 *** (-2.65) |
| L-MPU×Ratio | | | 0.0430 *** (7.96) | 0.0552 *** (5.71) |

| 变量 | CashD (1) | Invest (2) | CashD (3) | Invest (4) |
|---|---|---|---|---|
| Ratio | -0.0393 *** (-7.17) | -0.0549 *** (-4.83) | -0.0527 *** (-7.82) | -0.0495 *** (-4.45) |
| CashD | | 0.0178 *** (10.03) | | 0.0175 *** (9.34) |
| Debt | 0.0325 *** (5.41) | -0.0580 *** (-4.17) | 0.0365 *** (4.21) | 0.0725 *** (5.20) |
| Size | 0.0249 *** (2.73) | 0.0550 *** (5.10) | 0.4494 *** (11.22) | 0.0553 *** (4.95) |
| Age | 0.0199 *** (5.62) | -0.0098 *** (-3.02) | 0.0521 *** (3.99) | -0.0090 *** (-2.72) |
| Gabi | 0.4541 *** (7.55) | 0.1587 * (1.87) | 0.4216 *** (6.16) | 0.1473 (1.64) |
| Roa | 0.2060 *** (7.73) | 0.2940 *** (5.06) | 0.2095 *** (5.65) | 0.2780 *** (4.63) |
| Mag | -0.0013 (-0.45) | 0.0011 (1.26) | 0.0018 (0.42) | 0.0011 (1.33) |
| Tobin Q | 0.2689 *** (2.87) | 0.0611 ** (2.21) | 0.2934 * (1.96) | 0.0514 * (1.79) |
| GDP | 0.0530 *** (4.04) | 0.0398 *** (18.71) | 0.0304 *** (3.30) | 0.0403 *** (18.89) |
| Rate | -0.0034 (-0.81) | -0.0450 *** (-8.77) | -0.1662 *** (-6.54) | -0.0105 *** (-3.88) |
| _Cons | -0.4912 (-1.22) | -0.1758 *** (-4.67) | -0.1279 *** (-9.27) | 0.0159 (0.51) |
| Industry | Yes | Yes | Yes | Yes |
| Year | Yes | Yes | Yes | Yes |
| N | 10120 | 10120 | 9108 | 9108 |
| $R^2$_a | 0.1561 | 0.1490 | 0.1823 | 0.1403 |

注：括号内为 $t$ 值，*、**、*** 分别表示在10%、5%、1%的显著性水平下显著。

## 四、稳健性检验

为进一步证明本章实证结果的稳健性，采取替换被解释变量和替换解释变量等方法进行检验，检验结果如表 5-8 和表 5-9 所示。

### （一）替换被解释变量

本章参考 Biddle 等（2009）、张敏（2010）等的研究，使用新增投资支出，即企业购买固定资产、无形资产及其他长期资产与企业处置固定资产、无形资产及其他长期资产的差值基于总资产进行标准化后反映企业实体投资，然后对模型进行重新估计，估计结果如表 5-8 所示，其中第（1）列和第（2）列分别是当期和滞后一期的货币政策调整对实体投资影响的回归结果，货币政策调整的回归系数仍显著为负，进一步验证了货币政策调整对企业实体投资存在负面抑制效应。第（3）列和第（4）列分别是金融化在当期和滞后一期货币政策调整与实体投资关系中的调节作用。观察 MPU×Ratio 的回归结果，该系数皆为正数且在 1% 的统计水平上显著，说明企业金融化水平的上升能够缓解和降低货币政策调整对实体投资的负面影响效应。对比第（1）列和第（3）列，以及第（2）列和第（4）列的货币政策调整回归系数，发现在金融化的调节作用下，货币政策调整对企业实体投资的抑制效应有所下降，进一步印证了本章实证结果的稳健性。

### （二）替换解释变量

考虑文本数据测度方法的精度取决于媒介范围、关键词的选择，缺乏对相关指标的波动直观的度量，为更全面考察货币政策调整对企业投资的影响，参考 Jurado 等（2015）和王博等（2019）的测算方法，重新计算中国货币政策调整指数，作为替代变量进行稳健性检验。对模型重新估计的结果如表 5-9 所示，其中第（1）列和第（2）列分别是当期和滞后一期的货币政策调整对实体投资的回归结果，货币政策调整指数显著为负的回归结果，进一步说明了货币政策调整对企业实体投资存在负面抑制效应。观察第（3）列和第

（4）列的回归结果，货币政策调整与金融化交互项（MPU2×Ratio）的回归系数皆为正数且在1%的统计水平上显著，说明企业金融化水平的上升能够一定程度上减轻和弱化货币政策调整对实体投资的负面影响。同样对比第（1）列和第（3）列，以及第（2）列和第（4）列的货币政策调整回归结果，其系数都有所降低，这也进一步印证了本章实证结果的稳健性。

表 5-8　稳健性检验一：替换被解释变量

| 变量 | Invest | | | |
|---|---|---|---|---|
| | （1） | （2） | （3） | （4） |
| MPU | -0.0534 *** | | -0.0131 *** | |
| | (-6.95) | | (-8.87) | |
| L-MPU | | -0.0289 *** | | -0.0168 *** |
| | | (-6.81) | | (-2.79) |
| MPU×Ratio | | | 0.0816 *** | |
| | | | (6.01) | |
| L-MPU×Ratio | | | | 0.0645 *** |
| | | | | (6.37) |
| Ratio | | | -0.0670 *** | -0.0481 *** |
| | | | (-4.48) | (-3.56) |
| Debt | -0.0428 ** | -0.0527 * | -0.0445 | -0.0614 ** |
| | (-2.58) | (-1.84) | (-1.15) | (-2.18) |
| Cash | 0.1956 * | 0.7173 | 0.2179 ** | -0.1978 |
| | (1.74) | (0.70) | (2.38) | (-0.68) |
| Size | 0.0833 *** | 0.0408 *** | 0.0818 *** | 0.0396 *** |
| | (6.24) | (6.59) | (6.20) | (6.47) |
| Age | -0.0166 *** | -0.0061 *** | -0.0134 *** | -0.0045 ** |
| | (-4.20) | (-3.75) | (-3.36) | (-2.68) |
| Gabi | 0.2703 *** | 0.3773 *** | 0.2355 ** | 0.3494 *** |
| | (2.59) | (3.42) | (2.27) | (3.16) |
| Roa | 0.0110 | 0.0669 | 0.0352 | 0.0796 |
| | (0.11) | (0.76) | (0.35) | (0.89) |
| Mag | 0.0019 * | 0.0022 ** | 0.0017 * | 0.0020 ** |
| | (1.86) | (2.39) | (1.67) | (2.23) |

续表

| 变量 | Invest | | | |
|------|--------|--------|--------|--------|
| | （1） | （2） | （3） | （4） |
| Tobin Q | 0.0786 ** | 0.0272 | 0.0779 ** | 0.0259 |
| | （2.50） | （1.08） | （2.48） | （1.03） |
| GDP | 0.0404 *** | 0.0396 *** | 0.0400 *** | 0.0404 *** |
| | （12.82） | （14.33） | （11.51） | （13.16） |
| Rate | −0.0516 *** | −0.0127 *** | −0.0529 *** | −0.0137 *** |
| | （−8.72） | （−4.05） | （−8.92） | （−4.40） |
| _Cons | −0.2948 *** | 0.1078 *** | −0.2435 *** | 0.0495 ** |
| | （−6.66） | （3.68） | （−5.42） | （2.48） |
| Industry | Yes | Yes | Yes | Yes |
| Year | Yes | Yes | Yes | Yes |
| N | 10120 | 9108 | 10120 | 9108 |
| $R^2$_a | 0.1050 | 0.1949 | 0.1125 | 0.1993 |

注：括号内为 $t$ 值，*、**、*** 分别表示在 10%、5%、1% 的显著性水平下显著。

表 5-9　稳健性检验二：替换解释变量

| 变量 | Invest | | | |
|------|--------|--------|--------|--------|
| | （1） | （2） | （3） | （4） |
| $MPU^2$ | −0.0491 *** | | −0.0155 ** | |
| | （−7.51） | | （−2.53） | |
| $L-MPU^2$ | | −0.0330 *** | | −0.0200 ** |
| | | （−7.54） | | （−2.56） |
| $MPU^2 \times Ratio$ | | | 0.0204 *** | |
| | | | （3.12） | |
| $L-MPU^2 \times Ratio$ | | | | 0.0217 *** |
| | | | | （2.59） |
| Ratio | | | 0.0125 *** | −0.0815 ** |
| | | | （4.93） | （−2.29） |
| Debt | −0.0587 *** | 0.0788 | −0.0596 *** | 0.1182 |
| | （−5.17） | （0.22） | （−4.26） | （0.33） |
| Cash | 0.0993 *** | 0.0817 *** | 0.7198 *** | 0.0823 *** |
| | （5.34） | （2.66） | （4.68） | （3.65） |

续表

| 变量 | Invest | | | |
|---|---|---|---|---|
| | （1） | （2） | （3） | （4） |
| Size | 0.0486*** | 0.0485*** | 0.0180*** | 0.0443*** |
| | （4.51） | （4.36） | （8.43） | （4.00） |
| Age | -0.0130*** | -0.0116*** | -0.0020*** | -0.0118*** |
| | （-4.14） | （-3.63） | （-2.88） | （-3.67） |
| Gabi | 0.1145 | 0.0884 | 0.4258*** | 0.1328 |
| | （1.34） | （0.98） | （4.55） | （1.49） |
| Roa | 0.2358*** | 0.2333*** | 0.2552*** | 0.2893*** |
| | （4.09） | （3.97） | （5.63） | （4.86） |
| Mag | 0.0012 | 0.0012 | 0.0020*** | 0.0012 |
| | （1.36） | （1.46） | （3.62） | （1.36） |
| Tobin Q | 0.0562** | 0.0457 | -0.0287** | -0.0149 |
| | （2.04） | （1.60） | （-1.98） | （-0.59） |
| GDP | 0.0482*** | 0.0114*** | 0.0483*** | 0.0457*** |
| | （21.84） | （11.57） | （14.76） | （16.48） |
| Rate | -0.0142*** | -0.0308*** | -0.0151*** | -0.0037*** |
| | （-14.87） | （-9.29） | （-16.50） | （-6.27） |
| _Cons | -0.0721** | -0.0222 | -0.0309 | 0.2041*** |
| | （-2.52） | （-0.76） | （-1.10） | （3.50） |
| Industry | Yes | Yes | Yes | Yes |
| Year | Yes | Yes | Yes | Yes |
| N | 10120 | 9108 | 10120 | 9108 |
| $R^2\_a$ | 0.1327 | 0.1254 | 0.1009 | 0.1187 |

注：括号内为 $t$ 值，*、**、*** 分别表示在10%、5%、1%的显著性水平下显著。

# 第三节　进一步分析

前文的理论分析和实证结果说明，货币政策调整对不同类型企业实体投资的影响程度有所不同，如货币政策调整对经营业绩较差和一般的企业实体投资影响最大，且对非国有企业实体投资的影响力度远大于国有企业，对制造业企业的影响大于非制造业，特别是对民营中小型企业影响最大。而不同类型企业的金融化动机亦取决于企业的规模和业绩、企业性质和所属行业，如业绩一般的中型企业金融化是"逐利动机"和"预防性储蓄动机"双重驱动的结果，而业绩较差的企业，以及小型非国有和制造业企业金融化的关键动机则表现为"预防性储蓄动机"。且不同类型企业金融化行为对货币政策调整的反应敏感度也有所不同，如，大型或国有企业对宏观经济不确定性的反应敏感度要高于中小型民营企业，其应对不确定性影响而灵活调整资产配置的速度也较快。因此本节将继续按照经营业绩的好坏、规模大小以及企业性质和行业对企业进行分层，分别考察企业金融化在货币政策调整影响企业实体投资关系中发挥调节作用的差异性。

## 一、经营业绩分类的差异性分析

实际经济中，经营业绩不同的企业，其盈余资金，或者用于投资扩张的资金量不同，对现金流的敏感程度以及面临的外部融资约束程度也不相同，因此在受到宏观不确定性影响时，其金融化动机以及金融化的调节效应也会有所区别。

为检验经营业绩不同企业的异质性特征，本章继续前文标准对企业进行划分①。回归结果如表5-10，其中第（1）列报告了当期货币政策调整的回归结果，第（2）列报告了滞后一期的货币政策调整的回归结果。观察货币政策调整与金融化的交互项系数发现，其不仅皆为正数，在1%的统计水平上意义显著，且其特征也表现出随着企业经营业绩的改善，金融化的调节效应也由大及小（0.0641>0.0566>0.0523）。原因可能是经营业绩越差的企业，越难以从银行获得信贷资金，且在货币政策调整指数上升带来的紧缩性货币政策效应（Husted等，2017），进一步导致了企业的外部融资约束收紧，此时，企业对金融产品的需求和收益会更加敏感（张成思等，2016），金融获利水平的提升，有利于其缓解融资困境，从而弱化货币政策调整对实体投资的影响

---

① 划分标准与第三章和第四章中关于经营业绩的分类标准一致。

效应。

　　进一步观察金融化的回归系数，发现该系数不仅显著为负，且经营业绩较差企业的系数绝对值最大，说明，企业业绩越差，企业金融化在货币政策调整抑制实体投资关系中的替代效应越大，当这种替代效应超过金融化在降低不确定性风险中发挥的作用时，可以说金融化进一步加强了对实体投资的抑制效应。

表 5-10　基于经营业绩分类的差异性检验

| 变量 | 业绩较差 | | 业绩一般 | | 业绩较好 | |
|---|---|---|---|---|---|---|
| | (1) | (2) | (1) | (2) | (1) | (2) |
| MPU | −0.1190 *** | | −0.0991 *** | | −0.0968 *** | |
| | (−4.18) | | (−6.78) | | (−4.44) | |
| MPU×Ratio | 0.0641 ** | | 0.0566 *** | | 0.0523 *** | |
| | (2.55) | | (4.08) | | (2.86) | |
| L-MPU | | −0.0833 *** | | −0.0531 *** | | −0.0371 * |
| | | (−5.12) | | (−4.70) | | (−1.93) |
| L-MPU×Ratio | | 0.0949 *** | | 0.0617 *** | | 0.0682 *** |
| | | (5.40) | | (5.10) | | (3.66) |
| Ratio | −0.0785 *** | −0.0909 *** | −0.0299 ** | −0.0316 * | −0.0398 | −0.0592 ** |
| | (−2.98) | (−3.78) | (−2.08) | (−1.87) | (−1.60) | (−2.40) |
| Debt | −0.9196 * | −0.8306 *** | 0.1154 | 0.0234 | 0.6524 | 0.7628 |
| | (−1.68) | (−3.24) | (0.21) | (0.11) | (1.01) | (1.14) |
| Cash | 0.1237 *** | 0.2316 *** | 0.0950 *** | 0.0977 ** | 0.1438 *** | 0.1000 *** |
| | (5.61) | (4.50) | (3.22) | (2.38) | (4.05) | (3.07) |
| Size | 0.0293 | 0.0303 *** | 0.0711 *** | 0.0136 *** | 0.0079 | 0.0070 |
| | (1.59) | (5.68) | (4.39) | (4.13) | (0.41) | (0.35) |
| Age | −0.0170 ** | −0.0008 | −0.0122 *** | −0.0011 | −0.0051 | −0.0038 |
| | (−2.36) | (−0.51) | (−2.69) | (−1.05) | (−0.94) | (−0.64) |
| Gabi | −0.0342 | 0.1122 | 0.0513 | 0.3393 ** | 0.3444 * | 0.4271 ** |
| | (−0.25) | (0.70) | (0.41) | (2.41) | (1.73) | (2.10) |
| Roa | 0.2238 *** | 0.2389 *** | 0.3594 *** | 0.4453 *** | 0.1070 | 0.1114 |
| | (2.72) | (3.20) | (3.88) | (5.04) | (0.82) | (0.79) |

续表

| 变量 | 业绩较差 | | 业绩一般 | | 业绩较好 | |
|---|---|---|---|---|---|---|
| | (1) | (2) | (1) | (2) | (1) | (2) |
| Mag | 0.0011 | −0.0008 | 0.0010 | 0.0032*** | 0.0004 | 0.0009 |
| | (0.74) | (−0.78) | (0.80) | (3.60) | (0.24) | (0.50) |
| Tobin Q | 0.0762* | 0.0023 | 0.0939** | −0.0154 | 0.0232 | 0.0254 |
| | (1.66) | (0.09) | (2.30) | (−0.54) | (0.55) | (0.56) |
| GDP | 0.0281*** | 0.0231*** | 0.0426*** | 0.0446*** | 0.0420*** | 0.0424*** |
| | (6.97) | (3.57) | (13.74) | (9.73) | (10.12) | (9.93) |
| Rate | −0.0270*** | −0.0074*** | 0.0275*** | −0.0057*** | 0.0254*** | −0.0120** |
| | (−4.32) | (−4.15) | (7.30) | (−4.24) | (4.23) | (−2.08) |
| _Cons | 0.0224 | −0.0257 | −0.1431*** | 0.1981 | −0.0007 | 0.1267** |
| | (0.35) | (−1.38) | (−3.01) | (0.14) | (−0.01) | (2.20) |
| Industry | Yes | Yes | Yes | Yes | Yes | Yes |
| Year | Yes | Yes | Yes | Yes | Yes | Yes |
| N | 2340 | 2340 | 5440 | 5440 | 2106 | 2106 |
| $R^2$_a | 0.1280 | 0.1847 | 0.1495 | 0.1968 | 0.1495 | 0.1603 |

注：括号内为 $t$ 值，*、**、*** 分别表示在10%、5%、1%的显著性水平下显著。

## 二、规模分类的差异性分析

由于规模不同的企业对经济形势和政策风险变动的把握，以及对宏观经济波动的反应速度都有所差别，如规模较大的企业能够更好地把握宏观经济形势，更好地利用自己财务优势对冲外部风险，而中小企业抵御风险能力有限，对外部风险影响作出调整的速度较慢，因此货币政策调整对不同规模企业实体投资的影响程度不同。同样，规模不同的企业，其面临的融资约束程度以及银行信贷融资能力也不相同。与中小型企业相比，大型企业和国有企业占有更多融资渠道和更多资金优势。但对于这些企业的金融化行为，Sweezy（2018）认为垄断性或寡头性的大型企业在金融化过程中，面对行业收益下降，在扩大产能的同时，为保住垄断地位，其盈余资金会流入金融领域。且许多大型非金融企业凭借资金优势，会越来越多地提供金融服务（Xu 和 Xuan，2021），甚至其利用融资优势，从事影子银行等服务，为赚取更多利润而成为盈利借贷平台，也就是这些企业除银行信贷优势外，还能够通过金融化和其他渠道获取更多资金优势。而中小型企业不仅较为依赖银行信贷，且由于其信用、抵押物的缺乏以及经营实力差等难以获得足够的信贷支持。这导致它们通过影子银行获得融资，或者持有金融资产来保持一定的流动性以防范风险（张成思和刘贯春，2018），因此不同类型企业的金融化行为在货币政策调整抑制实体投资的关系中发挥不同的调节作用，从而对固定资产的积累产生不同的影响。

为检验不同规模企业的异质性特征，本章继续前文标准对企业进行规模划分①。回归结果见表5-11，其中第（1）列报告了当期货币政策调整的回归结果，第（2）列报告了滞后一期的货币政策调整的回归结果，对比不同规模企业的回归系数发现，随着企业规模的扩大，货币政策调整的影响效应逐渐减小，即其对小型企业实体投资的抑制效应最大（-0.1231）。货币政策调整与金融化的交互项系数皆为正数，且在1%的统计水平上显著，表明通过金融渠道获利占比水平越高的企业，货币政策调整对实体投资率的抑制效应越小，观察金融化的调节作用，小企业系数大于大型企业的回归系数，这可能导致中小企业通过金融获利途径缓解企业面临的流动性约束，且金融投资的收入可用于未来的实际投资，从而对固定资产的积累产生积极影响。而对于大型企业，这一效应较小，究其原因可能是一些大型非金融企业在股东价值取向下越来越倾向于以财务衡量公司业绩，以及管理者的"投资短视"下忽略了长期固定资本的积累（Orhangazi，2008），从而减弱了这一效应。

需要进一步关注的是，中大型企业金融化的回归系数显著为负，因此，在抑制实体投资率关系中，货币政策调整与金融化之间存在替代关系，且这种替代关系在大型企业中表现突出（大规模企业金融化的回归系数绝对值分别为0.0548、0.0636），但小企业金融化指标的回归系数显著为正数，说明，企业金融化不仅能够弱化货币政策调整对企业投资的影响效应，且金融化对小企业实体投资的积极作用也进一步抑制了货币政策调整的负面影响。

---

① 划分标准与第三章和第四章中关于企业规模大小的分类标准一致。

表 5-11　基于规模分类的差异性检验

| 变量 | 规模较小 | | 规模中等 | | 规模较大 | |
|---|---|---|---|---|---|---|
| | （1） | （2） | （1） | （2） | （1） | （2） |
| MPU | −0.1231 *** | | −0.1020 *** | | −0.0905 *** | |
| | （−4.74） | | （−6.64） | | （−3.89） | |
| MPU×Ratio | 0.0682 *** | | 0.0473 *** | | 0.0654 *** | |
| | （2.78） | | （3.56） | | （3.25） | |
| L-MPU | | −0.0853 *** | | −0.0575 *** | | −0.0473 ** |
| | | （−4.57） | | （−5.32） | | （−2.07） |
| L-MPU× Ratio | | 0.0956 *** | | 0.0691 *** | | 0.0670 *** |
| | | （4.80） | | （5.77） | | （3.36） |
| Ratio | 0.0125 ** | 0.0142 ** | −0.0359 ** | −0.0425 *** | −0.0548 ** | −0.0636 ** |
| | （2.10） | （2.57） | （−2.44） | （−2.68） | （−2.18） | （−2.54） |
| Debt | 0.0347 | −0.1368 *** | −0.2807 | −0.4715 ** | 0.1699 | 0.2628 |
| | （0.04） | （−3.67） | （−0.61） | （−2.52） | （0.28） | （0.41） |
| Cash | 0.1526 *** | 0.0932 *** | 0.2269 | 0.1970 *** | 0.1184 *** | 0.4409 * |
| | （5.26） | （3.48） | （0.48） | （3.53） | （4.11） | （1.87） |
| Size | 0.0659 ** | 0.0195 *** | 0.0488 *** | 0.0212 *** | 0.0397 * | 0.0348 |
| | （2.60） | （4.08） | （3.47） | （5.17） | （1.73） | （1.51） |
| Age | −0.0011 | 0.0078 *** | −0.0087 ** | −0.0034 *** | −0.0223 *** | −0.0192 *** |
| | （−0.20） | （5.04） | （−2.01） | （−3.46） | （−3.14） | （−2.67） |
| Gabi | 0.2340 | 1.0561 *** | 0.0727 | 0.3667 *** | 0.0283 | −0.0009 |
| | （1.09） | （3.66） | （0.62） | （2.86） | （0.18） | （−0.01） |
| Roa | 0.2936 * | −0.1801 | 0.2276 *** | 0.3262 *** | 0.2582 *** | 0.2144 ** |
| | （1.81） | （−1.36） | （2.71） | （4.90） | （2.93） | （2.41） |
| Mag | 0.0004 | −0.0017 | 0.0014 | 0.0027 *** | 0.0010 | 0.0013 |
| | （0.23） | （−1.17） | （1.24） | （3.58） | （0.50） | （0.66） |
| Tobin Q | 0.0089 | −0.0055 | 0.0818 * | −0.0164 | 0.0265 | 0.0109 |
| | （0.12） | （−0.16） | （1.67） | （−0.68） | （0.68） | （0.28） |
| GDP | 0.0345 *** | 0.0358 *** | 0.0379 *** | 0.0416 *** | 0.0464 *** | 0.0458 *** |
| | （8.95） | （4.97） | （13.62） | （9.76） | （8.59） | （8.40） |
| Rate | −0.0321 *** | −0.0075 *** | 0.0314 *** | −0.0059 *** | 0.0160 ** | −0.0078 |
| − | （6.34） | （−3.97） | （8.37） | （−4.81） | （2.27） | （−1.13） |

续表

| 变量 | 规模较小 | | 规模中等 | | 规模较大 | |
|---|---|---|---|---|---|---|
| | （1） | （2） | （1） | （2） | （1） | （2） |
| _Cons | −0.1650** | −0.8272 | −0.1072** | −0.0881 | 0.0280 | 0.1076* |
| | （−2.23） | （−0.41） | （−2.58） | （−0.07） | （0.42） | （1.66） |
| Industry | Yes | Yes | Yes | Yes | Yes | Yes |
| Year | Yes | Yes | Yes | Yes | Yes | Yes |
| N | 2435 | 2435 | 5680 | 5680 | 2028 | 2028 |
| $R^2$_a | 0.1528 | 0.1787 | 0.1460 | 0.1057 | 0.1195 | 0.1175 |

注：括号内为 $t$ 值，*、**、*** 分别表示在10%、5%、1%的显著性水平下显著。

表5-12　基于企业性质和行业类别的差异性检验

| 变量 | 国企 | | 非国企 | | 制造业 | | 非制造业 | |
|---|---|---|---|---|---|---|---|---|
| | （1） | （2） | （1） | （2） | （1） | （2） | （1） | （2） |
| MPU | −0.0866*** | | −0.1281*** | | −0.1120*** | | −0.0636*** | |
| | （−5.88） | | （−7.40） | | （−7.69） | | （−5.16） | |
| MPU× Ratio | 0.0512*** | | 0.0657*** | | 0.0729*** | | 0.0635*** | |
| | （3.88） | | （4.35） | | （5.51） | | （4.78） | |
| L-MPU | | −0.0609*** | | −0.0654*** | | −0.0245* | | −0.0601*** |
| | | （−5.45） | | （−5.55） | | （−1.73） | | （−4.95） |
| L-MPU× Ratio | | 0.0690*** | | 0.0767*** | | 0.0531*** | | 0.0671*** |
| | | （5.75） | | （6.08） | | （3.96） | | （5.10） |
| Ratio | −0.0459*** | −0.0477*** | −0.0383*** | −0.0305*** | 0.0287* | 0.0388** | −0.0457*** | −0.0498*** |
| | （−2.95） | （−2.77） | （−3.03） | （−2.88） | （1.68） | （2.14） | （−4.37） | （−3.17） |
| Debt | −0.0566 | −0.0967*** | 0.0352 | −0.0100 | −0.4501 | −0.1946 | −0.8653*** | −0.0830*** |
| | （−0.11） | （−4.99） | （0.07） | （−0.04） | （−1.05） | （−0.43） | （−4.03） | （−3.70） |
| Cash | 0.1223*** | 0.1245*** | 0.1364*** | 0.1230*** | 0.1368*** | 0.1235*** | 0.1362*** | 0.1023*** |
| | （2.87） | （4.34） | （3.96） | （3.64） | （4.79） | （3.86） | （5.74） | （4.82） |
| Size | 0.0282** | 0.0150*** | 0.0698*** | 0.0332*** | 0.0520*** | 0.0555*** | 0.0236*** | 0.0218*** |
| | （2.22） | （5.53） | （4.06） | （7.59） | （3.53） | （3.55） | （7.51） | （6.62） |
| Age | −0.0099* | 0.0019* | −0.0105** | −0.0030*** | −0.0134*** | −0.0117*** | 0.0024** | 0.0026** |
| | （−1.93） | （1.76） | （−2.45） | （−2.93） | （−3.17） | （−2.74） | （2.16） | （2.27） |
| Gabi | 0.0103 | 0.4015*** | 0.1438 | 0.3415** | 0.0919 | 0.0520 | 0.1449 | 0.1821 |
| | （0.09） | （2.99） | （1.06） | （2.49） | （0.75） | （0.40） | （1.04） | （1.24） |

| 变量 | 国企 | | 非国企 | | 制造业 | | 非制造业 | |
|---|---|---|---|---|---|---|---|---|
| | (1) | (2) | (1) | (2) | (1) | (2) | (1) | (2) |
| Roa | 0.3083 *** | 0.1923 *** | 0.1988 ** | 0.3015 *** | 0.2800 *** | 0.2702 *** | 0.2551 *** | 0.2484 *** |
| | (3.76) | (2.80) | (2.35) | (4.81) | (3.74) | (3.61) | (3.29) | (3.08) |
| Mag | −0.0014 | −0.0019 ** | 0.0030 ** | 0.0038 *** | 0.0009 | 0.0012 | 0.0007 | 0.0006 |
| | (−1.29) | (−2.22) | (2.49) | (4.95) | (0.81) | (1.06) | (0.70) | (0.64) |
| Tobin Q | 0.0167 | −0.0424 ** | 0.0984 ** | −0.0152 | 0.0378 | 0.0344 | −0.0170 | −0.0157 |
| | (0.41) | (−2.03) | (2.55) | (−0.74) | (1.10) | (0.94) | (−0.75) | (−0.68) |
| GDP | 0.0403 *** | 0.0417 *** | 0.0371 *** | 0.0373 *** | 0.0422 *** | 0.0426 *** | 0.0463 *** | 0.0379 *** |
| | (13.90) | (9.77) | (11.40) | (7.37) | (14.89) | (14.94) | (8.64) | (7.23) |
| Rate | −0.0217 *** | 0.0055 | −0.0355 *** | −0.0078 *** | 0.0251 *** | −0.0102 *** | −0.0003 | −0.0033 ** |
| | (−5.97) | (0.67) | (−7.66) | (5.36) | (6.47) | (−2.78) | (−0.24) | (−2.19) |
| _Cons | −0.0168 | 0.5999 | −0.1500 *** | −0.1740 | −0.0504 | 0.0259 | 0.0611 *** | 0.0213 |
| | (−0.40) | (0.49) | (−3.08) | (−1.16) | (−1.13) | (0.60) | (4.29) | (1.37) |
| Industry | Yes | Yes | Yes | Yes | Yes | Yes | Yes | Yes |
| Year | Yes | Yes | Yes | Yes | Yes | Yes | Yes | Yes |
| N | 5860 | 5860 | 4260 | 4260 | 6080 | 6080 | 4040 | 4040 |
| $R^2$_a | 0.1341 | 0.1091 | 0.1507 | 0.1195 | 0.1721 | 0.1547 | 0.1789 | 0.1757 |

注：括号内为 $t$ 值，*、**、*** 分别表示在10%、5%、1%的显著性水平下显著。

## 三、企业性质和行业分类的差异性分析

从企业性质看：理论上来讲，相较于非国有企业，国有企业不仅要担当经济责任，还要担当政治责任和社会责任，政府对国有企业的干预相对较多，因此国有企业也较易受到经济政策的影响，但也正因为此，政府在制定和调整货币政策时往往会给予国有企业一定的政策倾斜，其信贷成本和信贷资源相较非国有企业具有较大的优势（徐亚平和汪虹，2020）。由于有政府背书，国有企业更容易受到信贷资金的青睐（王婷等，2017），其融资约束相对较小，等待的期权价值较小，而非国有企业，尤其是遭遇严重信贷歧视的中小民营企业，无论是企业内部资金实力，还是外部融资能力，都无法与之相比，在实物期权和融资约束机制作用下，融资约束大的企业和较为依赖政府支出

的企业受不确定性影响更大（Gulen 和 Ion，2017），而国有企业受不确定性上升引致的融资约束影响有限，且可能利用其融资优势直接从事金融服务而获利。而中小民营企业则在不确定影响下，不得不寻求其他融资途径，以缓解财务困境。

本节验证了不同性质企业金融化在货币政策调整和实体投资关系中调节效应的差异性。回归结果见表 5-12。

其中第（1）列是当期货币政策调整的回归结果，第（2）列是滞后一期的货币政策调整的回归结果。对比国有企业和非国有企业两组子样本的回归系数发现，货币政策调整对非国有企业的影响要大于国有企业（0.1281>0.0866），企业间的融资约束的差异，尤其是在货币政策调整的环境下，融资约束程度高的非国有企业会减少当前投资。观察货币政策调整与金融化交互项的系数显著为正，民营企业的系数大于国有企业（0.0657>0.0512），说明，企业通过金融渠道获利减轻了融资约束，使货币政策调整对实体投资的抑制作用减弱，特别是对非国有企业。此外，无论是国有企业还是非国有企业，金融化系数皆为负数，说明在抑制实体投资率关系中，货币政策调整与金融化之间存在替代关系。

从行业属性看：相对于实体投资率较低的非制造业，制造业特别是大型制造业，其固定资产、无形资产等长期资产具有占总资产比例高，期限更长，不可逆程度更高等特点，因此这种划分可以解释部分商业周期的影响。相对而言，制造业对商业周期更为敏感，为验证不同行业类别下，企业金融化在货币政策调整与实体投资关系中的调节作用的差异性特征，本节将企业划分为制造业和非制造业两个子样本进行回归。回归结果见表 5-12。

其中第（1）列是当期货币政策调整的回归结果，第（2）列是滞后一期的货币政策调整的回归结果，对比制造业和非制造业两组子样本的回归系数发现，货币政策调整对制造业企业的影响要大于非制造业（0.1120>0.0636），在不确定性上升的情况下，制造业不可逆程度较高，行业周期较长，出于"预防性储蓄动机"，企业可能将金融化作为规避外部不确定性的"前瞻性"策略。观察货币政策调整与金融化交互项的系数，两者在 1%的统计水平上显著为正，且制造业的系数要高于非制造业（0.0729>0.0635），说明企业可以通过金融渠道获利降低货币政策调整不确定性上升的影响，特别是对于制造业。

进一步观察金融化指标的系数，可以发现，非制造业企业显著为负，而制造业企业回归系数在10%的统计水平上显著为正，说明，对于非制造业来说，在抑制实体投资关系中，货币政策调整与企业金融化之间存在替代关系，而对于制造业企业，企业金融化不仅能够弱化货币政策调整对实体投资的影响效应，而且由于金融化对实体投资的推动作用，这种抑制效应会进一步减小。

# 本章小结

本章的主要结论有：（1）货币政策调整对企业实体投资的负面抑制效应依然稳健，说明货币政策调整指数越高，对实体企业投资影响越大。（2）整体上企业金融化能够弱化货币政策调整对实体投资的负面影响效应，具体来看，基于"预防性储蓄动机"的金融化能够降低货币政策调整对实体投资的抑制效应，而基于"逐利动机"的金融化则会加剧货币政策调整对实体投资的抑制效应。（3）通过分析作用渠道可知，企业金融化会通过资产不可逆、外部信贷可得性和内部现金持有水平三个渠道影响货币政策调整对实体投资的影响效应。即企业金融渠道获利水平的提高，可以一定程度上弥补企业投资的等待期权价值、缓解货币政策调整带来的融资约束困境以及提高企业内部现金持有水平，从而减轻货币政策调整升高带来的负面影响。（4）首先从规模看，随着企业规模的扩大，货币政策调整影响效应逐渐减小，且企业金融化的调节效应也由大及小。且对于中大型企业来说，在抑制实体投资关系中，货币政策调整与企业金融化之间存在替代关系，而对于小企业来说，金融化能够弱化货币政策调整对企业投资的影响效应，且其对实体投资具有积极影响。其次，从业绩看，随着企业经营状态的改善，货币政策调整的影响效应逐步减弱。再次，从企业性质看，货币政策调整对非国有企业的影响要大于国有企业，企业金融化弱化货币政策调整的影响效应对于非国有企业更显著。最后，从行业看，货币政策调整对制造业企业的影响要大于非制造业，且对于非制造业，货币政策调整与企业金融化之间存在替代关系，而对于制造业，企业金融化不仅能够弱化货币政策调整对实体投资的抑制效应，且由于金融化对实体投资的积极作用，这种抑制效应会进一步减小。

# 第六章 结论与政策建议

## 第一节 结论

针对中国实体投资率持续下滑的问题，从企业金融化动机出发对货币政策调整影响企业实体投资的影响效应进行了系统性实证分析，为完善宏观调控体系，稳定实体投资率以及客观认识企业金融化现象提供了一个更为清晰的认识。经过理论分析和实证检验，本书的研究结论如下。

### 一、货币政策调整对企业实体投资的影响

在货币政策调整对企业实体投资影响的研究部分，本书基于 2011—2020 年沪深 A 股非金融上市公司的数据，运用动态面板模型，研究了货币政策调整对实体投资的总体影响以及对不同经营业绩、不同规模和不同性质、不同行业企业实体投资影响效应的异质性；从实物期权和融资约束两个维度检验了货币政策调整影响企业实体投资的作用机制；根据企业特征分类计算了货币政策调整的影响效应，并与企业实际经营风险水平进行对比；最后通过因子工具变量（FIV）以及替换变量和变量滞后一期等方法进一步验证了结论的可靠性。

研究结果：（1）总体来看，货币政策调整对企业实体投资表现出负面抑制效应。但这种抑制效应的大小取决于企业业绩状况、规模大小以及企业性

质和所属行业等特征。具体来说，随着企业经营业绩的改善，货币政策调整的影响效应由大及小，而随着企业规模的扩张，货币政策调整的影响效应也逐步减弱，且从企业性质和行业特征来看，货币政策调整对民营企业和制造业企业的实体投资影响更大，范围也更广。（2）机制检验结果发现，企业资产不可逆程度越高，货币政策调整对实体投资的抑制效应越大；企业的融资约束程度越大，货币政策调整对企业实体投资的负面影响效应越大。（3）通过对比货币政策调整指数上升与企业风险水平发现，政策不确定性的上升提高了企业经营风险水平，进而加剧了货币政策调整对实体投资的影响效应。

## 二、货币政策调整与企业金融化动机识别

通过使用非金融上市公司数据和构建多层因子交互效应模型，研究了不同经营业绩、不同规模和不同性质和行业企业金融化驱动因素的异质性，并通过主成分分析迭代算法提取宏观因子，来检验实体企业对宏观经济不确定性因素的动态反应，且通过因子工具变量法（FIV）验证了本文模型的稳健性和分析结论的可靠性。

研究结果：（1）从企业经营业绩来看，对于经营业绩较差的企业，规避风险是其金融化的主要驱动因素；对于经营业绩一般的企业，其金融化受避险和逐利的双重因素驱动；对于经营业绩较好的企业，其金融化主要受经济政策不确定性和市场环境波动的影响。（2）从企业规模来看，对于中小型的非国有企业，其金融化的主要驱动因素是规避风险，国有企业则不具备这个特征；对于大型企业，除非制造业风险规避效应统计意义显著外，没有数据显示企业层面的逐利和避险是驱使其增加对金融投资的原因。（3）通过模型所估算的宏观影响因子，其总体趋势与宏观经济政策不确定性较为吻合，其波动与规模较大企业经营风险波动基本一致，规模较大的企业对宏观影响因素的反应更为敏感，且较易捕捉宏观环境变动，从而对公司的投资决策和投资组合分配做出调整。可以判断，对于规模较大的企业其金融化行为主要是宏观经济的不确定性因素导致的。总的来说，实体企业固定资产投资风险增加和宏观经济不确定性的上升，主导了实体企业的金融化。（4）

在实证结果的基础上将企业金融化动机划分为"预防性储蓄动机"和"逐利动机",结果发现,货币政策调整指数的上升会促进"预防性储蓄动机"的金融化,反之,货币政策调整指数的上升会抑制"逐利动机"的金融化。从融资约束程度和金融资产类型的角度考察两者的关系,同样支持了这一结果。

## 三、货币政策调整与企业金融化对实体投资的影响

以 2011—2020 年沪深非金融上市公司为样本,实证检验了企业金融化在货币政策调整与实体投资关系中的调节效应,以及基于"预防性储蓄动机"和"逐利动机"金融化调节效应的异质性,并通过实物期权、外部融资和内部融资三个渠道检验了企业金融化调节效应的作用途径。最后将企业按照经营业绩、规模大小以及性质和行业进行分类,分别考察企业金融化在货币政策调整影响实体投资关系中调节效应的异质性。

研究结果:(1)货币政策调整对企业实体投资的负面抑制效应依然稳健,说明货币政策调整不确定性越高,对实体投资影响越大。(2)整体上看,企业金融化能够弱化货币政策调整对实体投资的负面影响效应,具体来看,基于"预防性储蓄动机"的金融化能够降低货币政策调整对实体投资的抑制效应,而基于"逐利动机"的金融则会加剧货币政策调整对实体投资的抑制效应。(3)通过作用渠道分析,企业金融化通过资产不可逆、外部信贷可得性和内部现金持有水平三个渠道影响货币政策调整对实体企业投资的影响效应。即企业金融渠道获利水平高,可以一定程度上弥补企业投资的等待期权价值、降低货币政策调整带来的信贷收紧的困境以及提高企业内部现金持有水平,从而减弱货币政策调整升高带来的影响效应。(4)进一步分析发现,从规模看,货币政策调整随着企业规模的扩大,其影响效应逐渐减小,且企业金融化的调节效应也由大及小。从业绩看,随着企业经营状态的改善,货币政策调整的影响效应逐步减弱;从企业性质看,货币政策调整对非国有企业的影响要大于国有企业,企业金融化弱化货币政策调整对实体投资的抑制作用对于非国有企业更显著;从行业看,货币政策调整对制造业企业的影响要大于

非制造业，企业金融化弱化货币政策调整对实体投资的影响效应则对于制造业企业更加显著。

# 第二节 政策建议

## 一、政府层面

### （一）增强货币政策的连续性和稳定性

鉴于货币政策调整会对实体投资产生负面抑制效应，中央银行在调整货币政策以实现其既定的政策目标时，应该充分考虑政策的调整对企业实体投资造成的影响。首先，"货币政策需要有更大的确定性来应对各种不确定性"，即货币政策应"稳"字当头，政策调控既要灵活把控，也要稳力度和节奏，既不能"大水漫灌"，也不能"转急弯"，统筹把握货币政策的连续性和稳定性，积极应对宏观不稳定因素，提振市场信心，为实体企业营造良好的政策投资环境。其次，提高货币政策的透明度和畅通货币政策的信贷传导渠道。提高货币政策的透明度和前瞻性指引能力，有利于稳定企业预期，增强企业信心，减少企业对未来投资的不确定性，提高实体企业获得资金机会的可靠性，鼓励企业进行长远的实体投资规划。而在使用货币政策工具精准服务实体经济的同时，应关注货币政策调整通过资产不可逆和融资约束渠道对企业实体投资产生的抑制效应，切实做到"金融支持实体经济"，并注重结合实体企业特性，畅通企业融资渠道，特别要引导金融机构关注和支持疫情下经营更加困难的中小民营企业，从而降低货币政策不确定性对实体企业的负面影响，提高货币政策实施的有效性。最后，央行在落实和执行货币政策服务实体经济过程中，能够从企业视角出发，在货币政策制定的规则和目标、方向和力度上，与市场主体保持充分的沟通。货币当局可以多种方式加强与企业沟通，或通过第三方评估机构，了解企业对货币政策调整的预期和反应，以及对企业运营可能带来的风险等，为企业经营提供更稳定的融资环境和投资环境，从而激励企业开展实体投资活动。此外，经济政策调整应注意幅度和频率，避免出现较大波动，从而降低中小企业经营风险。

### （二）增强政府政策的准确性和有效性

鉴于货币政策调整和企业金融化对不同规模、不同业绩和不同产权性质与行业企业实体投资的影响具有差异性特征，经济政策的制定需要考虑不同类型企业特性，做到"分类施策，对症下药"。首先，对于中小民营企业，应注意政策调整的幅度和频率，避免出现较大波动，从而降低中小企业经营风险，且金融化对小企业具有一定的积极作用，因此搭建多元融资结构尤为重要，政府应注重政策目标的精准性和直达性，采取切实可行的差别化政策支持，完善和健全中小民营企业的融资环境，进一步推动和支撑中小企业的实体投资活动。其次，防止宏观经济环境不确定性增加情况下经济的进一步"脱实向虚"，应重点关注大型企业和国有企业的金融化程度，避免其利用融资优势，过度从事金融服务，为赚取更多利润而成为盈利借贷平台，从而"挤出"实体投资，损害实体经济发展。此外，对于大型民营制造业，企业金融化对实体投资具有积极影响。当前企业高运营成本不断侵蚀利润，应采取有效措施降低企业生产经营成本，扩大中长期贷款规模，提高实体投资回报率，以释放实体投资活力。同时，实证结果也表明，对于业绩较好的大中型企业，稳健的宏观经济环境更有助于企业实施长远实体投资规划，因此良好稳定的投资经济环境，对于整个宏观经济战略布局有重要意义。

### （三）增强金融与实体良性互动的政策引导

金融市场的发展为企业提供了更多的投资机会和选择，鉴于企业金融化能够减轻和弱化货币政策调整对实体投资的负面影响效应，实体企业配置一定比例的金融资产是一种应对宏观投资环境不确定性的积极行为，而非纯粹"投资短视"的逐利行为。企业金融化可以说是实体企业在应对未来投资环境的不确定性影响下基于自身"融资约束"和"摆脱困境"的动机而形成的自发投资行为，因此，降低企业投资环境的不确定性，引导金融市场和实体经济的良性互动尤为重要。首先，政府应进一步完善金融市场功能，弱化信贷歧视引起的资本错配和失衡，充分发挥市场机制和政策引导作用以减少资源配置失衡和低效的问题，从而为完善金融服务实体经济功能提供支持，切实缓解企业的"融资约束"困境，保障和稳定企业的实体投资率。其次，政府应继续推动金融供给侧改革，持续增强金融服务实体的深度和广度，提高金融资源的可达性和精准性并促进实业资本积累，从而引导金融市场，发挥其服务实体经济的功能性调节作用。此外，应加强对实体企业非经营性金融投资活动的监管，防止金融与实业风险交叉渗透，增强金融业与实体经济的良性互动发展。

## 二、企业层面

### （一）立足实业，坚守主业

对于实体企业来说，立足实业坚守主业，是企业行稳致远的根本。应当立足主营业务，强化资本约束，控制杠杆率，加强风险管理，提高生产经营实力和应对外部经济环境波动风险的能力才是企业发展的正轨。首先，企业应当聚焦主业，做强实业，提高效益和自身发展能力，集中资源办"实业"发展的大事，避免因资金分散和管理资源分散而削弱自身主业的竞争力。其次，实体企业应提升公司内部治理水平，加强财务内部控制，以应对和防范企业在投资运营过程中可能面临的风险。企业可以通过合理配置资源，通过持有一定的流动性资产，来保持流动性和提高盈利水平，降低对银行信贷的依赖，进而增强对宏观经济不确定性影响的抵抗能力。此外，企业在固本强基的基础上应该积极利用金融市场化改革带来的"红利"，降低与银行之间的信息不对称，发挥经济金融化在促进企业投资和创新升级过程中的积极作用。

### （二）增强风险防控能力，避免急功近利

企业投资决策者也应认识到外部经济环境的不确定性给其投资行为带来的影响，权衡风险和收益的关系，特别是在中国经济遭遇困境的重大变局下，

货币政策调整、企业金融化与实体投资研究

既要避免"急功近利"的惯性思维，也要增强的风险防范意识。首先，企业应提高对未来货币政策调整的预判能力，并进一步提升风险防控意识和能力，避免在承担高昂的风险成本同时投资决策错误。当前和今后一段时期外部环境的不确定性仍然很高，市场各类矛盾和风险易发，各种可以预见和难以预见的风险因素明显增多。防范和化解风险，是企业长远发展必须学习和跨越的关口。其次，在金融业与实体经济不断交叉和渗透的背景下，也要避免企业"投资逐利"的短视行为。研究发现，货币政策调整不确定性和风险的增加以及金融资产与固定投资资产之间收益率差距的扩大，使部分实体企业出于"逐利"动机将更多的精力和资源转向金融领域，这样不仅偏离了主业，企业的竞争力和可持续发展能力也受到限制。因此，一方面，企业应抵制"短期诱惑"，坚守"本分"，避免"急功近利"思维，坚持主业发展的稳健步伐，支撑企业发展。另一方面，金融化能够拓宽企业的融资渠道，缓解宏观投资环境不确定性的影响效应，特别是对中小民营企业和制造业，发挥了积极作用，增强了其实业发展的可持续性，因此，在抵挡"诱惑"的同时，企业也应该利用金融化的"预防性储蓄"效应，从长远发展视角，促进实体投资。

# 参考文献

[1] 陈德球，陈运森，董志勇. 政策不确定性，市场竞争与资本配置 [J]. 金融研究，2017 (11)：65-80.

[2] 陈国进，王少谦. 经济政策不确定性如何影响企业投资行为 [J]. 财贸经济，2016 (5)：5-21.

[3] 才国伟，吴华强，徐信忠. 政策不确定性对公司投融资行为的影响研究 [J]. 金融研究，2018 (3)：89-104.

[4] 邓创，曹子雯. 中国货币政策调整测度及其宏观经济效应分析 [J]. 吉林大学社会科学学报，2020 (1)：50-59.

[5] 邓建平，曾勇. 金融关联能否缓解民营企业的融资约束 [J]. 金融研究，2011 (8)：78-92.

[6] 丁剑平，刘璐. 中国货币政策不确定性和宏观经济新闻的人民币汇率效应 [J]. 财贸经济，2020 (5)：41-53.

[7] 杜勇，张欢，陈建英. 金融化对实体企业未来主业发展的影响：促进还是抑制 [J]. 中国工业经济，2017 (12)：113-131.

[8] 范言慧，席丹，郑建明，等. 股票市场发展，人民币实际汇率与我国制造业出口 [J]. 国际金融研究，2015 (12)：65-74.

[9] 冯邦彦，徐枫. 实物期权理论及其应用评介 [J]. 经济学动态，2003 (10)：74-77.

[10] 傅步奔. 关于中国货币政策调整的研究 [D]. 上海财经大学，2020.

[11] 付文林, 赵永辉. 税收激励, 现金流与企业投资结构偏向 [J]. 经济研究, 2014 (5): 19-33.

[12] 龚光明, 曾照存. 产权性质, 公司特有风险与企业投资行为 [J]. 中南财经政法大学学报, 2014 (1): 137-144.

[13] 宫汝凯. 政策不确定环境下的资本结构动态决策 [J]. 南开经济研究, 2021 (4): 97-119.

[14] 韩珣, 李建军. 金融错配、非金融企业影子银行化与经济"脱实向虚" [J]. 金融研究, 2020 (8): 93-111.

[15] 韩珣, 李建军. 政策连续性, 非金融企业影子银行化与社会责任承担 [J]. 金融研究, 2021 (9): 131-150.

[16] 韩燕, 崔鑫, 郭艳. 中国上市公司股票投资的动机研究 [J]. 管理科学, 2015 (4): 120-131.

[17] 胡奕明, 王雪婷, 张瑾. 金融资产配置动机: "蓄水池"或"替代"? ——来自中国上市公司的证据 [J]. 经济研究, 2017 (1): 181-194.

[18] 黄贤环, 吴秋生, 王瑶. 金融资产配置与企业财务风险: "未雨绸缪"还是"舍本逐末" [J]. 财经研究, 2018 (12): 100-112.

[19] 黄志忠, 谢军. 宏观货币政策, 区域金融发展和企业融资约束——货币政策传导机制的微观证据 [J]. 会计研究, 2013 (1): 63-69.

[20] 何德旭, 张雪兰, 王朝阳, 等. 货币政策调整、银行信贷与企业资本结构动态调整 [J]. 经济管理, 2020 (7): 5-22.

[21] 季菁平. 非金融企业影子银行化对企业投资的影响研究 [D]. 南京: 南京财经大学, 2018.

[22] 蒋水全, 刘星, 王雷. 金融关联, 融资优势与投资效率——基于融资中介效应的实证考察 [J]. 金融经济学研究, 2017, 32 (2): 52-65.

[23] 姜付秀, 朱冰, 王运通. 国有企业的经理激励契约更不看重绩效吗? [J]. 管理世界, 2014 (9): 143-159.

[24] 姜龙. 经济政策不确定性, 货币政策有效性与调控取向变动研究 [D].

长春：吉林大学，2020.

[25] 江春，李巍. 中国非金融企业持有金融资产的决定因素和含义：一个实证调查 [J]. 经济管理，2013（7）：13-23.

[26] 靳庆鲁，孔祥，侯青川. 货币政策、民营企业投资效率与公司期权价值 [J]. 经济研究，2012（5）：96-106.

[27] 邝雄，胡南贤，徐艳. 货币政策调整与银行信贷决策——基于新闻报道文本分析的实证研究 [J]. 金融经济学研究，2019，34（5）：68-79.

[28] 李维安. 深化国企改革与发展混合所有制 [J]. 南开管理评论，2014（3）：1-1.

[29] 李建军，韩珣. 非金融企业影子银行化与经营风险 [J]. 经济研究，2019，54（8）：21-35.

[30] 李毅. 交互效应面板数据模型的理论与应用 [D]. 武汉：华中科技大学，2013.

[31] 李小荣，张瑞君. 股权激励影响风险承担：代理成本还是风险规避？[J]. 会计研究，2014（1）：57-63.

[32] 李敬子，刘月. 贸易政策不确定性与研发投资：来自中国企业的经验证据 [J]. 产业经济研究，2019（6）：1-13.

[33] 李小林，常诗杰，司登奎. 货币政策，经济不确定性与企业投资效率 [J]. 国际金融研究，2021（7）：86-96.

[34] 李凤羽，杨墨竹. 经济政策不确定性会抑制企业投资吗？——基于中国经济政策不确定指数的实证研究 [J]. 金融研究，2015（4）：15-27.

[35] 黎文靖，李茫茫. "实体+金融"：融资约束，政策迎合还是市场竞争？——基于不同产权性质视角的经验研究 [J]. 金融研究，2017（8）：100-116.

[36] 黎娇龙. 分层因子交互效应面板模型及其对民营制造企业外部约束的应用分析 [D]. 武汉：华中科技大学，2018.

[37] 李鹏飞，孙建波. 经济政策不确定性，金融摩擦与民间投资增速下降 [J]. 郑州大学学报：哲学社会科学版，2018（6）：45-52.

[38] 刘喜和，李良健，高明宽. 不确定条件下我国货币政策工具规则稳健性比较研究 [J]. 国际金融研究，2014（7）：7-17.

[39] 刘星，计方，郝颖. 大股东控制，集团内部资本市场运作与公司现金持有 [J]. 中国管理科学，2014，22（4）：124-133.

[40] 刘晴，孙景，苏理梅. 国别集聚，不确定性与异质性企业出口行为 [J]. 国际贸易问题，2020（1）：67-81.

[41] 刘怡，侯思捷，耿纯. 增值税还是企业所得税促进了固定资产投资——基于东北三省税收政策的研究 [J]. 财贸经济，2017，38（6）：5-16.

[42] 刘贯春，刘媛媛，闵敏. 经济金融化与资本结构动态调整 [J]. 管理科学学报，2019（3）：71-89.

[43] 刘贯春，段玉柱，刘媛媛. 经济政策不确定性，资产可逆性与固定资产投资 [J]. 经济研究，2019（8）：53-70.

[44] 刘贯春. 金融资产配置与企业研发创新："挤出"还是"挤入"[J]. 统计研究，2017（7）：49-61.

[45] 俞红海，徐龙炳. 终极控股股东控制权与全流通背景下的大股东减持 [J]. 财经研究，2010，36（1）：11-23.

[46] 刘贯春，张军，刘媛媛. 金融资产配置，宏观经济环境与企业杠杆率 [J]. 世界经济，2018（1）：148-173.

[47] 刘星，张超，郝颖. 货币政策对企业投资存在需求影响吗？——一项投资—现金流敏感性的研究 [J]. 经济科学，2014（4）：62-79.

[48] 柳明花. 货币政策调整与企业财务决策研究 [D]. 长春：吉林大学，2020.

[49] 连玉君，彭方平，苏治. 融资约束与流动性管理行为 [J]. 金融研究，2010（10）：158-171.

[50] 陆正飞，韩非池. 宏观经济政策如何影响公司现金持有的经济效应？——基于产品市场和资本市场两重角度的研究 [J]. 管理世界，2013（6）：43-60.

[51] 栾天虹，滕米洁. 上市公司持股金融机构对其现金持有行为的影响

［J］. 南方金融，2020（7）：45-56.

［52］ 罗进辉. 媒体报道的公司治理作用［J］. 金融研究，2012（10）：153-166.

［53］ 吕峻. 营运资本的经济周期效应与货币政策效应研究［J］. 财经问题研究，2015（10）：95-103.

［54］ 马思超，彭俞超. 加强金融监管能否促进企业"脱虚向实"？——来自2006—2015 年上市公司的证据［J］. 中央财经大学学报，2019（11）：28-39.

［55］ 毛志宏. 实体企业影子银行化会加剧违约风险吗？［J］. 经济科学，2021，43（2）：72-84.

［56］ 闵亮，沈悦. 宏观冲击下的资本结构动态调整——基于融资约束的差异性分析［J］. 中国工业经济，2011（5）：109-118.

［57］ 彭俞超. 经济政策不确定性与企业金融化［J］. 中国工业经济，2018（1）：137-155.

［58］ 戚聿东，张任之. 金融资产配置对企业价值影响的实证研究［J］. 财贸经济，2018（5）：38-52.

［59］ 饶品贵，岳衡，姜国华. 经济政策不确定性与企业投资行为研究［J］. 世界经济，2017（2）：27-51.

［60］ 饶品贵，姜国华. 货币政策对银行信贷与商业信用互动关系影响研究术［J］. 经济研究，2013（1）：68-79.

［61］ 任曙明，张婉莹，李莲青，等. 货币政策调整对企业创新的影响——基于企业风险承担水平的中介效应［J］. 当代经济研究，2021（8）：101-112.

［62］ 申广军，张延，王荣. 结构性减税与企业去杠杆［J］. 金融研究，2018（12）：105-122.

［63］ 盛松成，吴培新. 中国货币政策的二元传导机制［J］. 经济研究，2008（10）：37-51.

［64］ 司登奎，李小林，赵仲匡. 非金融企业影子银行化与股价崩盘风险

[J]. 中国工业经济，2021 (6)：174-192.

[65] 司登奎，李小林，孔东民，等. 贸易政策不确定性，金融市场化与企业创新型发展：兼论金融市场化协同效应"[J]. 财贸经济，2022，43 (04)：53-70.

[66] 宋军，陆旸. 非货币金融资产和经营收益率的 U 形关系——来自我国上市非金融公司的金融化证据 [J]. 金融研究，2015 (6)：111-127.

[67] 宋敏，周鹏，司海涛. 金融科技与企业全要素生产率——"赋能"和信贷配给的视角 [J]. 中国工业经济，2021 (4)：138-155.

[68] 谭小芬，李源，王可心. 金融结构与非金融企业"去杠杆"[J]. 中国工业经济，2019 (2)：23-41.

[69] 谭小芬，张文婧. 经济政策不确定性影响企业投资的渠道分析 [J]. 世界经济，2017 (12)：3-26.

[70] 田磊，林建浩. 经济政策不确定性兼具产出效应和通胀效应吗？来自中国的经验证据 [J]. 南开经济研究，2016 (2)：3-24.

[71] 田磊，林建浩，张少华. 政策不确定性是中国经济波动的主要因素吗——基于混合识别法的创新实证研究 [J]. 财贸经济，2017，38 (1)：5-20.

[72] 王立勇，王申令. 货币政策调整研究进展 [J]. 经济学动态，2020 (6)：109-122.

[73] 王婷，李成. 货币政策调控为何陷入"稳增长"与"抑泡沫"的两难困境——基于国有与非国有企业产权异质性视角的分析 [J]. 经济学家，2017 (10)：65-76.

[74] 王竹泉，王贞洁，李静. 经营风险与营运资金融资决策 [J]. 会计研究，2017 (5)：60-67.

[75] 王君斌，郭新强. 经常账户失衡，人民币汇率波动与货币政策影响：基于中国加工贸易模式的视角 [J]. 世界经济，2014，37 (8)：42-69.

[76] 王义中，宋敏. 宏观经济不确定性，资金需求与公司投资 [J]. 经济研究，2014，49 (2)：4-17.

[77] 王博，李力，郝大鹏. 货币政策调整，违约风险与宏观经济波动 [J]. 经济研究，2019 (3)：12-25.

[78] 王红建，曹瑜强，杨庆，等. 实体企业金融化促进还是抑制了企业创新——基于中国制造业上市公司的经验研究 [J]. 南开管理评论，2017 (1)：155-166.

[79] 王红建，李茫茫，汤泰劼. 实体企业跨行业套利的驱动因素及其对创新的影响 [J]. 中国工业经济，2016 (11)：73-89.

[80] 王红建，李青原，邢斐. 经济政策不确定性，现金持有水平及其市场价值 [J]. 金融研究，2014，9 (53)：53-68.

[81] 万良勇. 中国企业内部资本市场的功能，陷阱及其法律规制 [J]. 经济与管理，2006，20 (11)：5-9.

[82] 温忠麟，叶宝娟. 中介效应分析：方法和模型发展 [J]. 心理科学进展，2014，22 (5)：731-745.

[83] 文春晖，任国良. 虚拟经济与实体经济分离发展研究——来自中国上市公司2006—2013年的证据 [J]. 中国工业经济，2015 (12)：115-129.

[84] 吴海民. 资产价格波动，通货膨胀与产业"空心化"——基于我国沿海地区民营工业面板数据的实证研究 [J]. 中国工业经济，2012 (1)：46-56.

[85] 夏凯. 动态因子模型拓展及其在金融中的应用 [D]. 厦门：厦门大学，2017.

[86] 谢军，黄志忠. 区域金融发展，内部资本市场与企业融资约束 [J]. 会计研究，2014 (7)：75-81.

[87] 肖珉. 跨地上市与权益资本成本——来自含H股的A股公司的证据 [J]. 中国经济问题，2006 (4)：62-70.

[88] 许志伟，王文甫. 经济政策不确定性对宏观经济的影响——基于实证与理论的动态分析 [J]. 经济学（季刊），2019 (1)：23-50.

[89] 熊凌云，蒋尧明，连立帅，等. 控股股东杠杆增持与企业现金持有 [J]. 中国工业经济，2020 (8)：137-155.

[90] 许罡, 朱卫东. 金融化方式、市场竞争与研发投资挤占——来自非金融上市公司的经验证据 [J]. 科学学研究, 2017 (5): 709-728.

[91] 徐亚平, 汪虹. 货币政策调整, 金融摩擦与企业投资 [J]. 安徽大学学报 (哲学社会科学版), 2020 (3): 56-68.

[92] 闫先东, 朱迪星. 货币政策与企业投融资行为: 基于最新文献的述评 [J]. 金融评论, 2018 (3): 94-111.

[93] 杨继生, 黎娇龙. 制约民营制造企业的关键因素: 用工成本还是宏观税负? [J]. 经济研究, 2018 (5): 103-117.

[94] 杨继生, 徐娟. 固定交互效应面板截取模型的ECM算法 [J]. 数量经济技术经济研究, 2014, 31 (2): 86-98.

[95] 杨兴全, 尹兴强. 行业集中度, 企业竞争地位与现金持有竞争效应 [J]. 经济科学, 2015 (6): 78-91.

[96] 杨筝, 刘放, 王红建. 企业交易性金融资产配置: 资金储备还是投机行为? [J]. 管理评论, 2017, 29 (2): 13-26.

[97] 叶松勤, 徐经长. 大股东控制与机构投资者的治理效应——基于投资效率视角的实证分析 [J]. 证券市场导报, 2013 (5): 35-42.

[98] 叶康涛, 祝继高. 银根紧缩与信贷资源配置 [J]. 管理世界, 2009 (1): 22-28.

[99] 叶建芳, 周兰, 李丹蒙, 等. 管理层动机, 会计政策选择与盈余管理——基于新会计准则下上市公司金融资产分类的实证研究 [J]. 会计研究, 2009 (3): 25-30.

[100] 袁卫秋, 黄旭. 货币政策, 财务柔性与企业投资 [J]. 云南财经大学学报, 2016 (6): 77-89.

[101] 俞庆进, 张兵. 投资者有限关注与股票收益——以百度指数作为关注度的一项实证研究 [J]. 金融研究, 2012 (8): 152-165.

[102] 喻坤, 李治国, 张晓蓉, 等. 企业投资效率之谜: 融资约束假说与货币政策影响 [J]. 经济研究, 2014, 49 (5): 106-120.

[103] 张朝洋, 胡援成. 货币政策调整, 公司融资约束与宏观审慎管理——

来自中国上市公司的经验证据［J］. 中国经济问题, 2017（5）: 107-119.

[104] 张龙. 经济政策不确定性与预期影响下的货币政策有效性研究［D］. 长春: 吉林大学, 2020.

[105] 张成思. 金融化的逻辑与反思［J］. 经济研究, 2019（11）: 4-20.

[106] 张成思, 刘贯春. 中国实业部门投融资决策机制研究——基于经济政策不确定性和融资约束异质性视角［J］. 经济研究, 2018（12）: 51-67.

[107] 张成思, 孙宇辰. 中国货币政策的信心传导机制［J］. 财贸经济, 2018（10）: 59-74.

[108] 张成思, 郑宁. 中国实体企业金融化: 货币扩张、资本逐利还是风险规避?［J］. 金融研究, 2020（9）: 1-19.

[109] 张成思, 张步昙. 中国实业部门金融化的异质性［J］. 金融研究, 2019（7）: 1-18.

[110] 张成思, 张步昙. 中国实业投资率下降之谜: 经济金融化视角［J］. 经济研究, 2016, 12（1）: 32-46.

[111] 张敏, 张胜, 申慧慧, 等. 政治关联与信贷资源配置效率——来自我国民营上市公司的经验证据［J］. 管理世界, 2010（11）: 143-153.

[112] 张西征, 刘志远. 货币政策调整如何影响中国商业银行信贷资金分配——来自微观公司数据的研究发现［J］. 财贸经济, 2011（8）: 59-67.

[113] 章上峰, 方琪, 程灿, 等. 经济不确定性与最优财政货币政策选择［J］. 财政研究, 2020（1）: 74-86.

[114] 朱松, 陈关亭, 杜雯翠. 持股金融机构, 融资约束与企业现金储备［J］. 中国会计与财务研究, 2014, 16（3）: 1-62.

[115] 赵珂. 中国货币政策不确定性: 驱动因素、传导效应与政策协同调控［D］. 长春: 吉林大学, 2022.

[116] 祝继高, 陆正飞. 货币政策, 企业成长与现金持有水平变化［J］. 管

理世界，2009（3）：152-158.

[117] 庄子罐，崔小勇，赵晓军. 不确定性，宏观经济波动与中国货币政策规则选择——基于贝叶斯 DSGE 模型的数量分析 [J]. 管理世界，2016（11）：20-31.

[118] 钟凯，程小可，张伟华. 货币政策适度水平与企业"短贷长投"之谜 [J]. 管理世界，2016（3）：87-98.

[119] 钟凯，程小可，肖翔，等. 宏观经济政策影响企业创新投资吗——基于融资约束与融资来源视角的分析 [J]. 南开管理评论，2017（6）：4-14.

[120] Aastveit K A, Natvik G J, Sola S. Economic uncertainty and the influence of monetary policy [J]. Journal of International Money and Finance, 2017, 76: 50-67.

[121] Adachi-Sato M, Vithessonthi C. Bank systemic risk and corporate investment: Evidence from the US [J]. International Review of Financial Analysis, 2017, 50: 151-163.

[122] Akkemik K A, Özen Ş. Macroeconomic and institutional determinants of financialisation of non-financial firms: Case study of Turkey [J]. Socio-Economic Review, 2014, 12 (21): 71-98.

[123] Albulescu C T, Ionescu A M. The long-run impact of monetary policy uncertainty and banking stability on inward FDI in EU countries [J]. Research in International Business and Finance, 2018, 45: 72-81.

[124] Allen F, Qian J, Qian M. Law, finance, and economic growth in China [J]. Journal of Financial Economics, 2005, 77 (1): 57-116.

[125] Almeida H, Campello M, Weisbach M S. The cash flow sensitivity of cash [J]. The Journal of Finance, 2004, 59 (4): 1777-1804.

[126] Antonakakis N, Chatziantoniou I, Gabauer D. Cryptocurrency market contagion: Market uncertainty, market complexity, and dynamic portfolios [J]. Journal of International Financial Markets, Institutions and Money, 2019,

61: 37-51.

[127] Apostolou A, Beirne J. Volatility spillovers of unconventional monetary policy to emerging market economies [J]. Economic Modelling, 2019, 79: 118-129.

[128] Arellano C, Bai Y, Zhang J. Firm dynamics and financial development [J]. Journal of Monetary Economics, 2012, 59 (6): 533-549.

[129] Ayyagari M, Demirgüç-Kunt A, Maksimovic V. Formal versus informal finance: Evidence from China [J]. The Review of Financial Studies, 2010, 23 (8): 3048-3097.

[130] Baum C F, Stephan A, Talavera O. The effects of uncertainty on the leverage of nonfinancial firms [J]. Economic Inquiry, 2009, 47 (2): 216-225.

[131] Bai J, Wang P. Econometric analysis of large factor models [J]. Annual Review of Economics, 2016 (8): 53-80.

[132] Bai J, Ng S. Instrumental variable estimation in a data rich environment [J]. Econometric Theory, 2010, 26 (6): 1577-1606.

[133] Bai J. Panel data models with interactive fixed effects [J]. Econometrica, 2009, 77 (4): 1229-1279.

[134] Bates T W, Kahle K M, Stulz R M. Why do US firms hold so much more cash than they used to? [J]. The Journal of Finance, 2009, 64 (5): 1985-2021.

[135] Baker S R, Bloom N, Davis S J. Measuring economic policy uncertainty [J]. The Quarterly Journal of Economics, 2016, 131 (4): 1593-1636.

[136] Balcilar M, Bekiros S, Gupta R. The role of news-based uncertainty indices in predicting oil markets: a hybrid nonparametric quantile causality method [J]. Empirical Economics, 2017, 53 (3): 879-889.

[137] Bernanke B S, Gertler M. Inside the black box: the credit channel of monetary policy transmission [J]. Journal of Economic Perspectives, 1995, 9

(4): 27-48.

[138] Becker B, Ivashina V. Cyclicality of credit supply: Firm level evidence [J]. Journal of Monetary Economics, 2014, 62: 76-93.

[139] Bernanke B, Gertler M. Financial fragility and economic performance [J]. The Quarterly Journal of Economics, 1990, 105 (1): 87-114.

[140] Biddle G C, Hilary G, Verdi R S. How does financial reporting quality relate to investment efficiency? [J]. Journal of Accounting and Economics, 2009, 48 (2-3): 112-131.

[141] Boivin J, Ng S. Are more data always better for factor analysis? [J]. Journal of Econometrics, 2006, 132 (1): 169-194.

[142] Biddle G C, Hilary G, Verdi R S. How does financial reporting quality relate to investment efficiency? [J]. Journal of Accounting and Economics, 2009, 48 (2-3): 112-131.

[143] Bianchi F, Melosi L. Escaping the great recession [J]. American Economic Review, 2017, 107 (4): 1030-58.

[144] Bodnaruk A, O'Brien W, Simonov A. Captive finance and firm's competitiveness [J]. Journal of Corporate Finance, 2016, 37: 210-228.

[145] Bloom N. The impact of uncertainty shocks [J]. Econometrica, 2009, 77 (3): 623-685.

[146] Bloom N. Fluctuations in uncertainty [J]. Journal of Economic Perspectives, 2014, 28 (2): 153-76.

[147] Bloom N. Observations on uncertainty [J]. Australian Economic Review, 2017, 50 (1): 79-84.

[148] Born B, Pfeifer J. Policy risk and the business cycle [J]. Journal of Monetary Economics, 2014, 68: 68-85.

[149] Boug P, Fagereng A. Exchange rate volatility and export performance: A cointegrated VAR approach [J]. Applied Economics, 2010, 42 (7): 851-864.

[150] Bonfiglioli A. Financial integration, productivity and capital accumulation [J]. Journal of International Economics, 2008, 76 (2): 337-355.

[151] Caldara D, Iacoviello M, Molligo P, et al. The economic effects of trade policy uncertainty [J]. Journal of Monetary Economics, 2020, 109: 38-59.

[152] Carpenter R E, Guariglia A. Cash flow, investment, and investment opportunities: New tests using UK panel data [J]. Journal of Banking & Finance, 2008, 32 (9): 1894-1906.

[153] Clark J M. Business acceleration and the law of demand: A technical factor in economic cycles [J]. Journal of Political Economy, 1917, 25 (3): 217-235.

[154] Chadwick M G. Dependence of the "Fragile Five" and "Troubled Ten" emerging market financial systems on US monetary policy and monetary policy uncertainty [J]. Research in International Business and Finance, 2019, 49: 251-268.

[155] Chang B Y, Feunou B. Measuring uncertainty in monetary policy using realized and implied volatility [J]. Bank of Canada Review, 2014 (3): 32-41.

[156] Cooper R W, Haltiwanger J C. On the nature of capital adjustment costs [J]. The Review of Economic Studies, 2006, 73 (3): 611-633.

[157] Çolak G, Durnev A, Qian Y. Political uncertainty and IPO activity: Evidence from US gubernatorial elections [J]. Journal of Financial and Quantitative Analysis, 2017, 52 (6): 2523-2564.

[158] Crotty J. The neoliberal paradox: The impact of destructive product market competition and impatient finance on nonfinancial corporations in the neoliberal era [J]. Review of Radical Political Economics, 2003, 35 (3): 271-279.

[159] Creal D D, Wu J C. Monetary policy uncertainty and economic fluctuations

[J]. International Economic Review, 2017, 58 (4): 1317–1354.

[160] Davis L E. Identifying the "financialization" of the nonfinancial corporation in the US economy: A decomposition of firm – level balance sheets [J]. Journal of Post Keynesian Economics, 2016, 39 (1): 115–141.

[161] Davis L E. Financialization and investment: A survey of the empirical literature [J]. Journal of Economic Surveys, 2017, 31 (5): 1332–1358.

[162] Davis S J. Rising policy uncertainty [R]. National Bureau of Economic Research, 2019.

[163] Denis D J, Sibilkov V. Financial constraints, investment, and the value of cash holdings [J]. The Review of Financial Studies, 2010, 23 (1): 247–269.

[164] Desai M A, Goolsbee A. Investment, overhang, and tax policy [J]. Brookings Papers on Economic Activity, 2004 (2): 285–355.

[165] De Souza J P A, Epstein G. Sectoral net lending in six financial centers [J]. Political Economy Research Institute, Working Paper Series, 2014, 346–368.

[166] Demir F. Financial liberalization, private investment and portfolio choice: Financialization of real sectors in emerging markets [J]. Journal of Development Economics, 2009a, 88 (2): 314–324.

[167] Demir F. Capital market imperfections and financialization of real sectors in emerging markets: Private investment and cash flow relationship revisited [J]. World Development, 2009b, 37 (5): 953–964.

[168] Demir F. Financialization and manufacturing firm profitability under uncertainty and macroeconomic volatility: Evidence from an emerging market [J]. Review of Development Economics, 2009c, 13 (4): 592–609.

[169] Denis D J, Sibilkov V. Financial constraints, investment, and the value of cash holdings [J]. The Review of Financial Studies, 2010, 23 (1): 247–269.

［170］DenHaan W J, Sterk V. The myth of financial innovation and the great moderation ［J］. The Economic Journal, 2011, 121 (553): 707-739.

［171］Dixit R K, Dixit A K, Pindyck R S. Investment under uncertainty ［M］. Princeton University Press, 1994.

［172］Djankov S, Ganser T, McLiesh C, et al. The effect of corporate taxes on investment and entrepreneurship ［J］. American Economic Journal: Macroeconomics, 2010, 2 (3): 31-64.

［173］Dovern J, Fritsche U, Slacalek J. Disagreement among forecasters in G7 countries ［J］. Review of Economics and Statistics, 2012, 94 (4): 1081-1096.

［174］Doshi H, Kumar P, Yerramilli V. Uncertainty, capital investment, and risk management ［J］. Management Science, 2018, 64 (12): 5769-5786.

［175］Duménil G, Lévy D. The real and financial components of profitability (United States, 1952—2000) ［J］. Review of Radical Political Economics, 2004, 36 (1): 82-110.

［176］Duchin R, Ozbas O, Sensoy B A. Costly external finance, corporate investment, and the subprime mortgage credit crisis ［J］. Journal of Financial Economics, 2010, 97 (3): 418-435.

［177］Eckel C C, Grossman P J. Men, women and risk aversion: Experimental evidence ［J］. Handbook of Experimental Economics Results, 2008 (1): 1061-1073.

［178］El-Shazly A. Investment under tax policy uncertainty: A neoclassical approach ［J］. Public Finance Review, 2009, 37 (6): 732-749.

［179］Erickson T, Whited T M. Measurement error and the relationship between investment and q ［J］. Journal of Political Economy, 2000, 108 (5): 1027-1057.

［180］Fasolo A M. Monetary policy volatility shocks in Brazil ［J］. Economic Modelling, 2019, 81 (3): 348-360.

[181] Fazzari S, Hubbard R G, Petersen B. Investment, financing decisions, and tax policy [J]. The American Economic Review, 1988, 78 (2): 200-205.

[182] Favero C A, Mosca F. Uncertainty on monetary policy and the expectations model of the term structure of interest rates [J]. Economics Letters, 2001, 71 (3): 369-375.

[183] Fernández-Villaverde J, Guerrón-Quintana P, Rubio-Ramírez J F. Supply-side policies and the zero lower bound [J]. IMF Economic Review, 2014, 62 (2): 248-260.

[184] Fiebiger B. Rethinking the financialisation of non-financial corporations: a reappraisal of US empirical data [J]. Review of Political Economy, 2016, 28 (3): 354-379.

[185] Foley-Fisher N, Ramcharan R, Yu E. The impact of unconventional monetary policy on firm financing constraints: Evidence from the maturity extension program [J]. Journal of Financial Economics, 2016, 122 (2): 409-429.

[186] Gabauer D, Gupta R. On the transmission mechanism of country-specific and international economic uncertainty spillovers: Evidence from a TVP-VAR connectedness decomposition approach [J]. Economics Letters, 2018, 171: 63-71.

[187] Gavazza A. The role of trading frictions in real asset markets [J]. American Economic Review, 2011, 101 (4): 1106-43.

[188] Gertler M. Financial capacity and output fluctuations in an economy with multi-period financial relationships [J]. The Review of Economic Studies, 1992, 59 (3): 455-472.

[189] Gilchrist S, Sim J W, Zakrajšek E. Uncertainty, financial frictions, and investment dynamics [R]. National Bureau of Economic Research, 2014.

[190] Graham J R, Leary M T. A review of empirical capital structure research and

directions for the future [J]. Annual Review of Financial Economics, 2011, 34 (6): 309-345.

[191] Guariglia A, Liu X, Song L. Internal finance and growth: Microeconometric evidence on Chinese firms [J]. Journal of Development Economics, 2011, 96 (1): 79-94.

[192] Gulen H, Ion M. Policy uncertainty and corporate investment [J]. The Review of Financial Studies, 2016, 29 (3): 523-564.

[193] Hadlock C J, Pierce J R. New evidence on measuring financial constraints: Moving beyond the KZ index [J]. The Review of Financial Studies, 2010, 23 (5): 1909-1940.

[194] Han S, Qiu J. Corporate precautionary cash holdings [J]. Journal of Corporate Finance, 2007, 13 (1): 43-57.

[195] Hassett K A, Hubbard R G. Tax policy and business investment [J]. Handbook of Public Economics. Elsevier, 2002, 3: 1293-1343.

[196] Husted L, Rogers J, Sun B. Monetary policy uncertainty [J]. Journal of Monetary Economics, 2020, 115: 20-36.

[197] Huang Y, Luk P. Measuring economic policy uncertainty in China [J]. China Economic Review, 2020, 59: 1-18.

[198] Ho S W, Zhang J, Zhou H. Hot money and quantitative easing: The spillover effects of US Monetary policy on the Chinese Economy [J]. Journal of Money, Credit and Banking, 2018, 50 (7): 1543-1569.

[199] Istrefi K, Mouabbi S. Subjective interest rate uncertainty and the macro-economy: A cross-country analysis [J]. Journal of International Money and Finance, 2018, 88: 296-313.

[200] Jensen M C, Murphy K J. Performance pay and top-management incentives [J]. Journal of Political Economy, 1990, 98 (2): 225-264.

[201] Jensen M C. Agency costs of free cash flow, corporate finance, and takeovers [J]. The American Economic Review, 1986, 76 (2): 323-329.

[202] Jurado K, Ludvigson S C, Ng S. Measuring uncertainty [J]. American Economic Review, 2015, 105 (3): 1177-1216.

[203] Karwowski E, Stockhammer E. Financialisation in emerging economies: a systematic overview and comparison with Anglo-Saxon economies [J]. Economic and Political Studies, 2017, 5 (1): 60-86.

[204] Kaminska I, Roberts-Sklar M. Volatility in equity markets and monetary policy rate uncertainty [J]. Journal of Empirical Finance, 2018, 45: 68-83.

[205] Kato R, Hisata Y. Monetary policy uncertainty and market interest rates [R]. Bank of Japan, 2005.

[206] Kliman A, Williams S D. Why financialisation hasn't depressed US productive investment [J]. Cambridge Journal of Economics, 2015, 39 (1): 67-92.

[207] Kling G. A theory of operational cash holding, endogenous financial constraints, and credit rationing [J]. The European Journal of Finance, 2018, 24 (1): 59-75.

[208] Krippner G R. The financialization of the American economy [J]. Socio-Economic Review, 2005, 3 (2): 173-208.

[209] Koyck L M. Distributed lags and investment analysis [M]. Amsterdam: North-Holland Publishing Company, 1954.

[210] Kurov A, Stan R. Monetary policy uncertainty and the market reaction to macroeconomic news [J]. Journal of Banking & Finance, 2018, 86: 127-142.

[211] Lashitew A A. The uneven effect of financial constraints: Size, public ownership, and firm investment in Ethiopia [J]. World Development, 2017, 97: 178-198.

[212] Lara J M G, Osma B G, Penalva F. Accounting conservatism and firm investment efficiency [J]. Journal of Accounting and Economics, 2016, 61 (1): 221-238.

［213］ Law S H, Singh N. Does too much finance harm economic growth? ［J］. Journal of Banking & Finance, 2014, 41: 36-44.

［214］ Lazonick W, O'sullivan M. Maximizing shareholder value: a new ideology for corporate governance ［J］. Economy and Society, 2000, 29 (1): 13-35.

［215］ Lazonick W. The financialization of the US corporation: What has been lost, and how it can be regained ［J］. Seattle UL Rev., 2012, 36: 826-857.

［216］ Lensink R, Sterken E. Asymmetric information, option to wait to invest and the optimal level of investment ［J］. Journal of Public Economics, 2001, 79 (2): 365-374.

［217］ Levine R. Finance and growth: theory and evidence ［J］. Handbook of Economic Growth, 2005, 1: 865-934.

［218］ Li L, Tang Y, Xiang J. Measuring China's monetary policy uncertainty and its impact on the real economy ［J］. Emerging Markets Review, 2020, 44: 125-148.

［219］ Le Q V, Zak P J. Political risk and capital flight ［J］. Journal of International Money and Finance, 2006, 25 (2): 308-329.

［220］ Magud N E. On asymmetric business cycles and the effectiveness of countercyclical fiscal policies ［J］. Journal of Macroeconomics, 2008, 30 (3): 885-905.

［221］ Mayer E, Scharler J. Noisy information, interest rate shocks and the Great Moderation ［J］. Journal of Macroeconomics, 2011, 33 (4): 568-581.

［222］ McDonald R, Siegel D. The value of waiting to invest ［J］. The Quarterly Journal of Economics, 1986, 101 (4): 707-727.

［223］ Meinen P, Röhe O. On measuring uncertainty and its impact on investment: Cross - country evidence from the euro area ［J］. European Economic Review, 2017, 92: 161-179.

［224］ Meyer J, Kuh E. Further comments on the empirical study of investment functions [J]. The Review of Economics and Statistics, 1957: 218-222.

[225] Myers S C, Majluf N S. Corporate financing and investment decisions when firms have information that investors do not have [J]. Journal of Financial Economics, 1984, 13 (2): 187-221.

[226] Modigliani F, Miller M H. The cost of capital, corporation finance and the theory of investment [J]. The American Economic Review, 1958, 48 (3): 261-297.

[227] Mueller P, Tahbaz-Salehi A, Vedolin A. Exchange rates and monetary policy uncertainty [J]. The Journal of Finance, 2017, 72 (3): 1213-1252.

[228] Mumtaz H, Theodoridis K. Dynamic effects of monetary policy shocks on macroeconomic volatility [J]. Journal of Monetary Economics, 2020, 114: 262-282.

[229] Myers S C. Determinants of corporate borrowing [J]. Journal of Financial Economics, 1977, 5 (2): 147-175.

[230] Myers S C, Majluf N S. Corporate financing and investment decisions when firms have information that investors do not have [J]. Journal of Financial Economics, 1984, 13 (2): 187-221.

[231] Nguyen N H, Phan H V. Policy uncertainty and mergers and acquisitions [J]. Journal of Financial and Quantitative Analysis, 2017, 52 (2): 613-644.

[232] Onaran Ö, Stockhammer E, Grafl L. Financialisation, income distribution and aggregate demand in the USA [J]. Cambridge Journal of Economics, 2011, 35 (4): 637-661.

[233] Opler T, Pinkowitz L, Stulz R, et al. The determinants and implications of corporate cash holdings [J]. Journal of Financial Economics, 1999, 52 (1): 3-46.

[234] Orhangazi Ö. Financialisation and capital accumulation in the non-financial corporate sector: A theoretical and empirical investigation on the US econo-

my: 1973—2003 [J]. Cambridge Journal of Economics, 2008, 32 (6):
863-886.

[235] Pástor L', Veronesi P. Political uncertainty and risk premia [J]. Journal of
Financial Economics, 2013, 110 (3): 520-545.

[236] Panousi V, Papanikolaou D. Investment, idiosyncratic risk, and ownership
[J]. The Journal of Finance, 2012, 67 (3): 1113-1148.

[237] Ramey V A, Shapiro M D. Displaced capital: A study of aerospace plant
closings [J]. Journal of Political Economy, 2001, 109 (5): 958-992.

[238] Sawyer M. What is financialization? [J]. International Journal of Political E-
conomy, 2013, 42 (4): 5-18.

[239] Seo H J, Kim H S, Kim J. Does shareholder value orientation or financial
market liberalization slow down Korean real investment? [J]. Review of Rad-
ical Political Economics, 2016, 48 (4): 633-660.

[240] Schaal E. Uncertainty, productivity and unemployment in the great recession
[J]. Federal Reserve Bank of Minneapolis, Mimeo, 2012 (10): 1-59.

[241] Stockhammer E, Grafl L. Financial uncertainty and business investment
[J]. Review of Political Economy, 2010, 22 (4): 551-568.

[242] Stockhammer E. Financialisation and the slowdown of accumulation [J].
Cambridge Journal of Economics, 2004, 28 (5): 719-741.

[243] Stout L A. The shareholder value myth: How putting shareholders first harms
investors, corporations, and the public [M]. California: Berrett-Koehler
Publishers, 2012.

[244] Tirole J. Liquidity shortages: theoretical underpinnings [J]. Banque de
France Financial Stability Review: Special Issue on Liquidity, 2008, 11:
53-63.

[245] Theurillat T, Corpataux J, Crevoisier O. Property sector financialization:
the case of Swiss pension funds (1992—2005) [J]. European Planning
Studies, 2010, 18 (2): 189-212.

[246] Tulin M V, Anand R. Disentangling India's Investment Slowdown [R]. International Monetary Fund, 2014.

[247] Tobin J. Money and economic growth [J]. Econometrica: Journal of the Econometric Society, 1965: 671-684.

[248] Tori D, Onaran Ö. The effects of financialization on investment: Evidence from firm—level data for the UK [J]. Cambridge Journal of Economics, 2018, 42 (5): 1393-1416.

[249] Tornell A. Real vs. financial investment can Tobin taxes eliminate the irreversibility distortion [J]. Journal of Development Economics, 1990, 32 (2): 419-444.

[250] Treadway A B. On rational entrepreneurial behaviour and the demand for investment [J]. The Review of Economic Studies, 1969, 36 (2): 227-239.

[251] Trigeorgis L, Reuer J J. Real options theory in strategic management [J]. Strategic Management Journal, 2017, 38 (1): 42-63.

[252] Trung N B. The spillover effects of US economic policy uncertainty on the global economy: A global VAR approach [J]. The North American Journal of Economics and Finance, 2019, 48: 90-110.

[253] Van Treeck T. Reconsidering the investment–profit nexus in finance–led economies: an ARDL–based approach [J]. Metroeconomica, 2008, 59 (3): 371-404.

[254] Wang P. Large dimensional factor models with a multi-level factor structure: identification, estimation and inference [J]. Unpublished Manuscript, New York University, 2008.

[255] Xu X, Xuan C. A study on the motivation offinancialization in emerging markets: The case of Chinese nonfinancial corporations [J]. International Review of Economics & Finance, 2021, 72: 606-623.

[256] Yagan D. Capital tax reform and the real economy: The effects of the 2003

dividend tax cut ［J］. American Economic Review, 2015, 105（12）: 3531-3563.

［257］ Yang J, Guo H, Wang Z. International transmission of inflation among G-7 countries: A data-determined VAR analysis ［J］. Journal of Banking & Finance, 2006, 30（10）: 2681-2700.